Lucy Nyundo

Ecossistema de dinheiro móvel na Zâmbia - estímulo económico com desafios

Lucy Nyundo

Ecossistema de dinheiro móvel na Zâmbia - estímulo económico com desafios

Oportunidades e desafios num ecossistema de dinheiro móvel emergente

ScienciaScripts

Imprint

Any brand names and product names mentioned in this book are subject to trademark, brand or patent protection and are trademarks or registered trademarks of their respective holders. The use of brand names, product names, common names, trade names, product descriptions etc. even without a particular marking in this work is in no way to be construed to mean that such names may be regarded as unrestricted in respect of trademark and brand protection legislation and could thus be used by anyone.

Cover image: www.ingimage.com

This book is a translation from the original published under ISBN 978-3-659-81874-5.

Publisher:
Sciencia Scripts
is a trademark of
Dodo Books Indian Ocean Ltd. and OmniScriptum S.R.L publishing group

120 High Road, East Finchley, London, N2 9ED, United Kingdom
Str. Armeneasca 28/1, office 1, Chisinau MD-2012, Republic of Moldova, Europe
Printed at: see last page
ISBN: 978-620-8-14131-8

RESUMO

Objetivo: O sistema de pagamento móvel (MPS) é um serviço emergente com potencial para revolucionar os sistemas financeiros mundiais, especialmente nas economias emergentes.

Metodologia: Seis peritos no domínio (DEs) participaram em entrevistas semi-estruturadas, seguidas de discussões abertas e apresentações semi-formais. Foram recolhidos dados textuais e quantitativos de bases de dados de empresas, documentos e jornais regionais. Os dados qualitativos foram analisados com recurso à análise narrativa e de conteúdo.

Conclusões: As MPS na Zâmbia podem ser classificadas como Mobile Banking (MB) e Mobile Money (MM). À semelhança de outros mercados emergentes, a categoria MM na Zâmbia está a tornar-se proeminente no mercado, com potencial para chegar à população sem conta bancária e àqueles que até agora têm sido excluídos dos sistemas financeiros. Historicamente, os bancos não podiam suportar os elevados requisitos de investimento de capital para criar sucursais nas zonas rurais e escassamente povoadas do país. O ecossistema MM na Zâmbia é composto por muitos participantes-chave semelhantes aos encontrados no Quénia, no Brasil e na Ásia, mas os regulamentos, as políticas e a conformidade para esta indústria emergente são adaptados às necessidades de cada mercado. Esta adaptação é uma consequência dos diferentes contextos nacionais: geografia, estilos de vida, cultura e segmentos do mercado-alvo. Estas razões específicas de cada país explicam, de um modo geral, a diferença nas taxas de sucesso e a proeminência de uma variedade de implantações e marcas de MM em cada país.

Implicações práticas: O Ecossistema MM na Zâmbia está atualmente num estado de fluxo e o modelo proposto neste estudo mudará à medida que o mercado amadurece. No entanto, ele estabelece uma boa base para a formação de outras teorias, com base na teoria dos actores existentes, na cadeia de valor integrada, na teoria da rede e na teoria do ecossistema empresarial. O modelo fornece um panorama no qual os gestores desta indústria podem colocar as suas empresas e gerir eficazmente os interesses dos participantes e das partes interessadas na indústria: conduzindo a uma entrega eficaz de MM aos utilizadores finais, ao mesmo tempo que proporciona lucros aos fornecedores.

Implicações sociais: A utilização de MM e MB está de acordo com as teorias marxistas que defendem que a tecnologia, neste caso MPS, pode estar ligada ao crescimento económico e que, de facto, terá os elementos necessários para que a maioria, até agora privada de direitos, que vive em áreas rurais e escassamente povoadas nos países em desenvolvimento, se torne um participante importante nas suas próprias economias e nas economias globais.

Originalidade: Existe uma escassez de literatura sobre MPS em mercados emergentes como a Zâmbia, onde as MPS inicialmente não conseguem atingir as alturas vertiginosas previstas; em comparação com os principais mercados de MPS no Quénia, Brasil, Filipinas e Ásia. Este documento mapeia o ecossistema empresarial das MPS na Zâmbia e fornece um modelo no qual as empresas MB e MM se podem colocar.

Palavras-chave: Peritos no domínio (DE), banca móvel (MB), dinheiro móvel (MM), ecossistema de dinheiro móvel, operadores de redes móveis (MNO), sistema de pagamento móvel (MPS) e tecnologia de telefonia móvel (MPT).

ÍNDICE DE CONTEÚDOS

CAPÍTULO I: INTRODUÇÃO

1.0 CONTEXTO DO ESTUDO

A taxa de adoção e penetração dos telemóveis como tecnologia a nível mundial tem sido mais rápida e mais estável do que muitas outras tecnologias (Kalba, 2008). Por exemplo, na África Subsariana, o acesso e a utilização de telemóveis aumentou a um ritmo avassalador nos últimos dez anos (Aker & Mbiti, 2010).Isto pode ser explicado pelo custo mais baixo da tecnologia dos telemóveis (MPT) em comparação com a infraestrutura fixa de telefone fixo e Internet (Kaira, 2011). A redução dos custos das comunicações através da MPT abriu novas oportunidades de negócio para os operadores de redes móveis (MNO) e os bancos, que são importantes para o desenvolvimento económico (Aker & Mbiti, 2010). Aker e Mbiti, 2010, explicam ainda que o sistema tem o poder de revolucionar o desenvolvimento económico em mercados emergentes como a África e a Ásia. O MPT torna possível e mais fácil para os indivíduos e as empresas obterem informações de forma rápida e barata sobre diferentes questões, como as económicas, políticas e sociais.

É evidente que a TPM se tornou a tecnologia mais popular e mais utilizada, cuja influência se faz sentir de muitas formas. Regas (2002) define as TPM como o armazenamento, o acesso, a criação, a modificação, a classificação e a manipulação de dados sob várias formas a partir de qualquer local, em vez de estar num determinado desporto, utilizando um telemóvel. Os atributos significativos e distintivos das TPM são: as utilizações evolutivas e dinâmicas que vão desde a mera comunicação por voz e texto até ao acesso a serviços financeiros (Davidson, 2006). O MPT fornece uma plataforma que tem o potencial de abordar alguns dos desafios enfrentados pelo sector financeiro, como o acesso limitado à população sem conta bancária (Ng'andu, 2011), daí o surgimento e o desenvolvimento de sistemas financeiros móveis que são amplamente referidos como Sistemas ou Serviços de Pagamento Móvel (MPS). De acordo com Neville (2006), não só é tecnicamente viável fornecer serviços financeiros utilizando MPT, como também é rentável e económico. Provavelmente, isto pode explicar porque é que as ORM e os bancos não hesitam em investir em MPS e estão continuamente a desenvolver produtos e serviços destinados a satisfazer as exigências dinâmicas dos consumidores (Neville, 2006).

Não há muitas dúvidas quanto ao sucesso da implantação e do investimento em MPS. No entanto, as MPS têm merecido mais atenção nas regiões emergentes e em desenvolvimento do mundo, como a África e a Ásia, do que na Europa e na América do Norte. A diferença na adoção e na implantação bem sucedida das MPS nas economias desenvolvidas e nos mercados emergentes pode ser atribuída à variação no acesso médio dos consumidores aos serviços financeiros convencionais. A população sem conta bancária é maior nos mercados emergentes do que nos desenvolvidos, apresentando assim uma oportunidade de negócio mais lucrativa (Ndiwalana et al, 2010). A maior parte das implantações bem sucedidas de MPS, como a M-Pesa no Quénia e a Easypaisa na Ásia, situam-se em mercados emergentes. De acordo com o relatório da UNCTAD (2012), existem mais de 130 implantações de MPS em todo o mundo, das quais mais de 50% se encontram em África, especificamente na Comunidade da África Oriental (CAO), que é a região líder no mundo no que diz respeito à adoção e implementação de MPS.

O sistema de pagamento móvel (MPS) na Zâmbia

Embora a EAC seja atualmente bem sucedida e proeminente em África no que diz respeito ao MPS. O primeiro serviço financeiro móvel do mundo em economias em desenvolvimento foi lançado em 2002 pela Celpay Zambia Limited, alimentado pela Fundamo, como ilustrado na figura 1.0. O sistema Celpay na Zâmbia é diferente do M-Pesa do Quénia, que foi lançado em 2007. O Smart Money foi lançado em 2003 e o G-Cash em 2004, ambos nas Filipinas (Ndiwalana, 2010). Inicialmente, a Celpay Zambia Ltd visava os clientes empresariais através de uma parceria com seis grandes bancos da Zâmbia (Cederwall, 2012). Infelizmente, o facto de visar clientes empresariais resultou numa base de clientes limitada. Isto explica porque é que a solução móvel Celpay não foi bem sucedida após o seu lançamento inicial em 2002. No entanto, a Celpay Zambia Ltd serve com sucesso tanto clientes individuais como empresariais.

Figura 1.0: Linha do tempo para o lançamento de marcas MPS

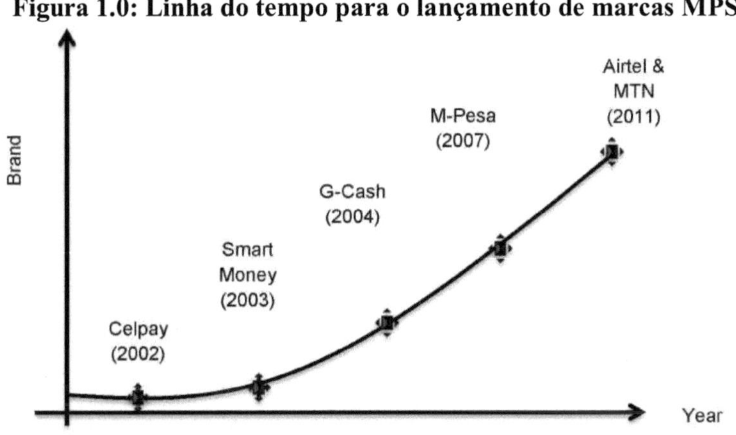

Fonte: Adaptado de Ndiwalana, 2010; Cederwall, 2012.

De acordo com Mbewe (2012), as MPS na Zâmbia existem desde 2002 através da Celpay Zambia. A Celpay Zambia Ltd foi em tempos uma subsidiária de um operador móvel, nomeadamente a Celtel Zambia Ltd, atualmente comercializada como Airtel Zambia Ltd. O desafio com que a Celpay Zambia Ltd se deparou quando lançou o MPS em 2002 foi o facto de poucos zambianos terem acesso a telemóveis e de o seu mercado-alvo ser constituído por clientes empresariais, com uma restrição aos que se encontravam ao longo da linha férrea entre duas províncias: Lusaka e Copperbelt (Mbewe, 2012). Esta situação resultou numa base de clientes limitada para a Celpay Zambia Ltd, o que dificultou a obtenção de economias de mercado de massas. No entanto, com o passar do tempo, a posse de telemóveis entre a população da Zâmbia aumentou, como ilustrado na figura 1.1. Além disso, a proliferação de redes privadas pelos bancos e o reconhecimento do pagamento móvel através da utilização de redes móveis entre 2007 e 2010 tornaram as soluções de pagamento móvel proeminentes na Zâmbia.

Figura 1.1: Tendência das assinaturas na Zâmbia

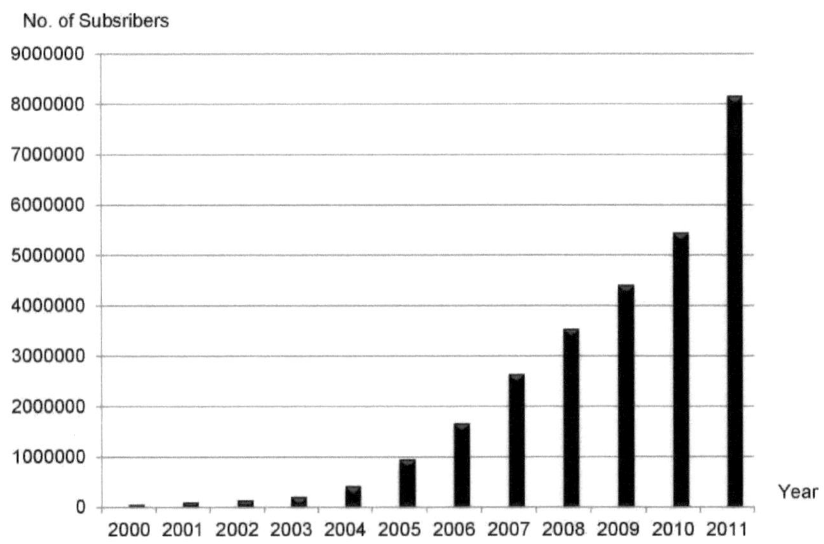

Fonte: Adaptado de ZICTA, 2012.

Em suma, a posse de telemóveis entre a população média da Zâmbia não é um grande obstáculo ao crescimento do pagamento móvel, uma vez que muitos podem comprar telemóveis. Além disso, a atualização da rede móvel para as redes da próxima geração, como a 3,75 G, implica que os operadores móveis são mais do que capazes de facilitar o MPS. É por isso que se regista um "boom" no número de marcas de pagamento móvel, como a "Airtel Money", a "MTN Money" e a "Zoona" na Zâmbia. Até agora, todas estas marcas de MPS provaram ser bem sucedidas e continuam a crescer a um ritmo impressionante.

1.1 DECLARAÇÃO DO PROBLEMA

T s provas de que as MPS são um projeto comercial viável tanto para os operadores de redes móveis como para os bancos nos mercados emergentes são esmagadoras. Embora uma das primeiras implantações de MPS em África, lançada em 2002, tenha ocorrido na Zâmbia, a implantação mais famosa e bem sucedida é a do M-Pesa, no Quénia, lançada em 2007. Pode perguntar-se por que razão as primeiras implantações, como a do Celpay na Zâmbia, não se encontram entre as mais famosas e importantes em África. Para resolver este problema, é necessário compreender e descrever as MPS na Zâmbia, identificando os participantes no ecossistema, as oportunidades de negócio e os desafios. Isto irá provavelmente lançar as bases para abordar a questão inevitável: *Porque é que o MPS na Zâmbia, um dos primeiros a ser implantado, não está entre as principais marcas de MM em África?*

1.2 OBJECTIVO E SIGNIFICADO DO ESTUDO

Uma grande parte da literatura existente sobre o desenvolvimento e a adoção de MPS baseia-se em investigação realizada nas partes desenvolvidas do mundo, como a Europa e a América. Com ênfase na adoção pelo consumidor com base em teorias e modelos de adoção (Amin, 2007; Amin, 2008; Kreyer et al, 2003; Dahlberg & Mallat, 2002; Lewis et al, 2010; Khalifa & Shen, 2008). No entanto, a taxa de adoção e de sucesso das MPS difere em todo o mundo. Os mercados emergentes e em desenvolvimento de África e da Ásia estão a assumir a liderança na implantação de MPS. Alguma literatura importante sobre MPS está centrada nas regiões líderes e bem-sucedidas, como a África Oriental e Ocidental (UNCTAD, 2012; Davidson, 2006; Shrivastava, 2012; Hughes & Lonie, 2007). Deixando de fora os mercados e as regiões em que as implementações iniciais foram lançadas ou não foram bem sucedidas inicialmente, como o da Zâmbia. Por conseguinte, este estudo tem por objetivo contribuir para a literatura sobre as MPS nos mercados em que estas foram inicialmente implantadas, uma vez que, até à data, existe uma lacuna a este respeito.

1.3 PROPOSTAS DE INVESTIGAÇÃO

Este estudo tem três objectivos de investigação;

1) O ecossistema MM é composto por vários participantes: operadores de redes móveis, bancos, reguladores e decisores políticos, comerciantes e consumidores,

2) Considera-se que o MM nos mercados emergentes tem potencial para chegar à população não bancarizada e acelerar o desenvolvimento económico, e

3) O MM pode ser utilizado para: Transferências de dinheiro, pagamentos de facturas e acesso a serviços bancários ou financeiros.

1.4 DEFINIÇÃO DE TERMOS

Este estudo utiliza três termos importantes: Sistema ou Serviço de Pagamento Móvel (MPS), Dinheiro Móvel (MM) e Banca Móvel (MB). Estes termos são frequentemente utilizados para descrever conjuntos semelhantes de produtos ou serviços, resultando numa linha de distinção muito ténue, pelo que é importante defini-los desde o início. Assim, a diferença entre MB e MM neste estudo será a seguinte: o MB exige que o utilizador tenha uma conta bancária no sistema bancário convencional, enquanto o MM não.

1) **O sistema de pagamento móvel (MPS/)** é um sistema que utiliza dispositivos móveis para efetuar transacções como o pagamento de facturas e para realizar transacções bancárias (Gerpott & Kormmeier, 2009). Trata-se de pagamentos no ponto de venda efectuados através de um dispositivo móvel, como um telemóvel ou um assistente pessoal digital ou qualquer outro dispositivo que se ligue a uma rede de telecomunicações móveis e possibilite a realização de pagamentos (Karnouskos & Fokus 2004).

No entanto, não existe uma definição universal de MPS, pois alguns utilizam-na para significar MM e outros para significar MB. Por esta razão, neste estudo, MPS será considerado como o termo 'guarda-chuva' para MM e MB, definindo-o como a utilização da tecnologia de telemóvel para: enviar e receber dinheiro virtual (transferência de dinheiro), fazer pagamentos de contas e aceder a serviços financeiros e bancários.

2) **Dinheiro Móvel (MM)**: neste estudo será definido de acordo com a UNCTAD (2012) como:

> "Dinheiro armazenado utilizando o SIM (Subscriber Identifying Module) num telemóvel como identificador, por oposição a um número de conta na banca convencional. E o equivalente notacional é emitido por uma entidade (ORM ou bancos) e é mantido numa conta de valor no SIM dentro do telemóvel, que também é utilizada para transmitir

instruções de transferência e pagamento"

3) **Banca móvel (MB):** será definida de acordo com o VRL Financial News (2012) como "a prestação de serviços bancários e financeiros com a ajuda de dispositivos de telecomunicações móveis".

1.5 ÂMBITO DO ESTUDO

Claramente, MPS pode ser usado indistintamente para significar MM ou MB. No entanto, este estudo centra-se na MM, porque os serviços e marcas da MM em África, como a M-Pesa, são mais proeminentes e relevantes em comparação com os serviços MB.

CAPÍTULO DOIS: REVISÃO DA LITERATURA

2.0 INTRODUÇÃO

O MPFI (2007) previu que, até 2010, haveria pelo menos 3 mil milhões de pessoas com telemóveis e que 1,7 mil milhões dessas pessoas não teriam conta bancária até 2012 (McKinsey & Company, 2011). À medida que os telemóveis continuam a penetrar nas regiões em desenvolvimento do mundo a um ritmo explosivo, os operadores de redes móveis (ORM) estão a investir no desenvolvimento de novos produtos com o objetivo de alargar as suas ofertas de serviços para além dos simples serviços de voz e SMS. A utilização dos telemóveis como canal de prestação de serviços financeiros levou ao aparecimento de sistemas e serviços de pagamento móvel (MPS). Este facto levou ao aumento do acesso financeiro, especialmente para as pessoas que estão excluídas do sistema bancário convencional. A exclusão financeira tem sido, desde há muito tempo, um grande desafio para o sector financeiro (Ndiwalana et al, 2010). Assim, as MPS podem ser descritas como um sistema que utiliza dispositivos móveis que podem ligar-se à rede de telecomunicações móveis para iniciar, autorizar e confirmar uma troca de valor financeiro em troca de bens e serviços (Au & Kauffman, 2008; Karnouskos & Fokus, 2004). Carr (2008) explica que as MPS se tornaram um método de pagamento complementar ao dinheiro, aos cheques, aos cartões de crédito e aos cartões de débito. No entanto, são mais adequados para uma determinada gama de produtos e serviços: bilhetes de viagem, hotelaria, entretenimento, contas de serviços públicos e prémios de seguros. Estes podem ser classificados como móveis: entretenimento, serviços financeiros, compras e informação, como mostra a figura 2.0

Figura 2.0: Categorias de MPS

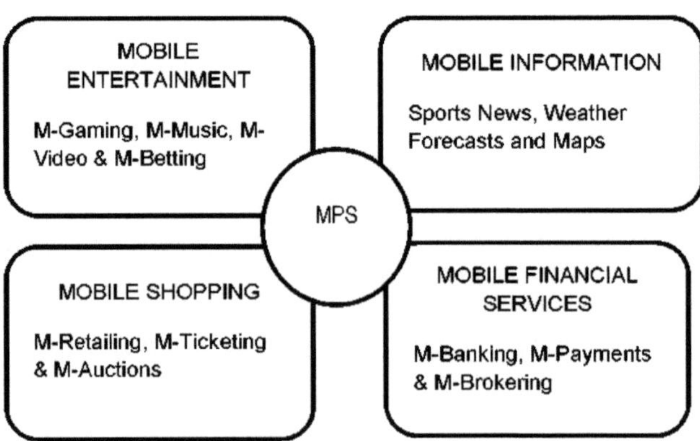

Fonte: Adaptado de Carr (2008)

Bel e Gaza (2011) explicam que existem vários tipos de MPS e tecnologias. A combinação de tecnologias e modelos de negócio resulta numa grande variedade de MPS existentes. Consequentemente, existem várias tecnologias que estão a competir para se tornarem as normas estabelecidas para os pagamentos móveis físicos e virtuais. No entanto, são os utilizadores finais que, em última análise, determinam o nível de sucesso da tecnologia através da sua adoção. Por isso, é importante estabelecer e distinguir entre os tipos de aplicações que existem sob o termo genérico de MPS; Mobile Money (MM) e Mobile Banking (MB). A diferença entre os dois é mínima, uma vez que muitas vezes envolvem utilizações sobrepostas.

Figura 2.1: MPS Serviços Financeiros

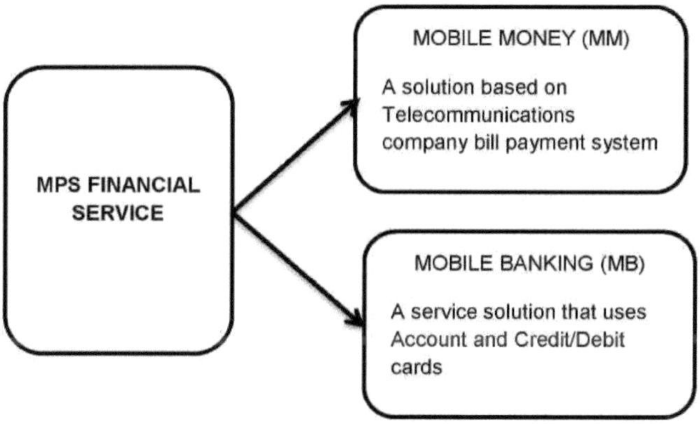

Fonte: Adaptado de Carr (2008)

A Figura 2.1 ilustra a diferença entre os dois serviços financeiros possibilitados pelas MPS. No entanto, podem ser utilizados de formas muito semelhantes e têm aplicações comuns. Este facto torna difícil a distinção entre os dois. Assim, a literatura contida neste capítulo começa por definir ou descrever estes serviços respectivos e, em seguida, explora a MM em profundidade, analisando a literatura sobre: a cadeia de valor da MM, o ecossistema, a adoção, as utilizações e a principal oportunidade de negócio. O foco principal deste estudo é a MM, pelo que uma grande parte da literatura contida neste capítulo é sobre a MM.

2.1 MPS FINACIAL SERVICES

A possibilidade de prestar serviços financeiros através de canais móveis proporcionada pela tecnologia da telefonia móvel (TMP) resultou no aparecimento de um sistema financeiro móvel (SFM). Este sistema é geralmente designado por

Sistema ou Serviços de Pagamento Móvel (MPS). No entanto, Mckitterick & Dowling (2003) alertam para o facto de que só quando se tornarem mais fáceis e mais baratas as transacções através de aplicações de pagamentos móveis, em comparação com os métodos convencionais, é que esta tecnologia e aplicação se tornarão populares entre os utilizadores. No entanto, as MPS têm várias aplicações e soluções que Lim (2007) categorizou com base no modelo, na plataforma e na tecnologia empregues da seguinte forma

1) **Pagamento móvel baseado numa conta bancária**: Neste modelo, a conta bancária está ligada ao número de telemóvel do cliente. Por conseguinte, para qualquer transação ou ação, a conta do cliente é debitada e a conta do comerciante ou do destinatário é creditada.

2) **Pagamento móvel baseado em cartão de crédito**: Neste caso, o número do cartão de crédito está ligado ao número de telemóvel do cliente. Todas as transacções e instruções que o consumidor faz estão todas ligadas ao cartão de crédito e são debitadas ao mesmo.

3) **Faturação de pagamentos móveis pelas empresas de telecomunicações:** É aqui que os clientes pagam aos comerciantes utilizando os seus telemóveis e isto é cobrado na conta do telemóvel do cliente ou necessita de tempo de antena pré-pago. Todas as facturas são liquidadas com os operadores de redes móveis.

Posteriormente, os modelos de MPS acima referidos podem ser utilizados para estabelecer a diferença entre MB e MM. Assim, os modelos baseados em contas bancárias e cartões de crédito são normalmente designados por MB, enquanto o modelo de faturação das empresas de telecomunicações é o MM. Em termos simples, o MB exige uma conta bancária que faz parte do sistema bancário convencional, enquanto o MM não exige uma conta bancária.

Banca móvel (MB)

Laukkanen & Kiviniemi (2010) descrevem o MB como a utilização de dispositivos móveis, tais como telemóveis básicos, smartphones e assistentes pessoais digitais (PDA), como meios através dos quais os clientes interagem e se mantêm ligados aos bancos. A Banca pela Internet (IB) é a utilização da Internet como canal de entrega remota de serviços bancários (Kazmi, 2001) e a Banca Móvel (MB) é o passo revolucionário da Banca pela Internet. Isto deve-se ao facto de os telemóveis serem mais acessíveis do que os computadores pessoais, o que permite que os bancos cheguem a mais clientes utilizando o MB do que o IB, especialmente os mais pobres e isolados (Cruz & Laukkanen, 2010). Embora tanto o IB como o MB permitam aos clientes verificar os saldos das contas, pagar facturas, fazer transferências de dinheiro e poupar. O MB tem um alcance mais alargado porque estende o valor dos serviços bancários aos clientes com acesso limitado ou inexistente à Internet (Cruz & Laukkanen, 2010; Laukkanen & Kiviniemi, 2010, Alsajjan & Dennis, 2006). O MB permite que os bancos explorem a tecnologia dos telemóveis para aumentar o acesso aos serviços financeiros e bancários como alternativa a uma rede física e alargada de agentes (Dixon, 2008). Boer e de Boer (2009) definiram o MB como o acesso a serviços bancários (consulta e transação) através de um telemóvel. Assim, o MB está a usufruir de parte ou da totalidade dos serviços bancários para aqueles que já fazem parte do "tecido" do Sistema Bancário Convencional.

Por conseguinte, a procura de serviços e produtos do MB, incluindo a contabilidade móvel, a corretagem móvel e a informação financeira móvel, varia de mercado para mercado e não chega necessariamente às pessoas que estão fora do sistema bancário convencional (Cruz & Laukkanen, 2010). O MB é geralmente uma extensão dos serviços para contas de poupança, instrumentos pré-pagos e transacções para clientes existentes. O fornecimento e a entrega do MB pelos bancos ao utilizador final são possíveis graças à colaboração com os operadores de redes móveis. Isto porque o MB utiliza plataformas de telemóvel que só estão disponíveis na tecnologia móvel e na infraestrutura das empresas de telecomunicações (Pakistan and Gulf Economist, 2011). Por este motivo, é necessária uma parceria entre os bancos e os operadores de redes móveis, para que o MB seja bem sucedido.

Dinheiro Móvel (MM)

O Mobile Money é geralmente descrito como um serviço que permite aos clientes gerir o seu dinheiro diretamente a partir dos seus telemóveis, onde quer que estejam, como e quando quiserem (Airtel, 2012). A forma como este sistema funciona é bastante simples; permite que os utilizadores registados do MM com um SIM ativo e um telefone básico carreguem dinheiro para as suas "contas móveis" (levantamento ou depósito). Com este dinheiro eletrónico, os utilizadores podem: fazer transferências de dinheiro para outros utilizadores registados ou não, comprar tempo de antena para os seus telefones e transferir tempo de antena para outros utilizadores, pagar contas como a assinatura de TV, água e eletricidade. Ao tentar diferenciar o MM do MB, Davidson e Penicaud (2012) descreveram as principais caraterísticas do MM da seguinte forma

1) O MM oferece pelo menos um ou todos os seguintes serviços: pagamentos de facturas, pagamentos entre pares (P2P), pagamentos em massa, armazenamento de valores (com ou sem juros), crédito e seguros,

2) explora uma rede de agentes transaccionais fora do balcão do banco para a entrada (depósitos) ou saída (levantamentos) de dinheiro,

3) a interface de utilizador para iniciar transacções para agentes e clientes está disponível nos telemóveis básicos

4) e os clientes podem utilizá-lo sem terem sido previamente registados no banco.

Estas caraterísticas podem ser utilizadas para "tornar" mais visível a linha cinzenta entre MM e MB, o que é muito importante para este estudo. A secção seguinte analisa a literatura sobre MM, que é o foco principal deste estudo.

2.2 REVISÃO DA LITERATURA SOBRE DINHEIRO MÓVEL

Os serviços de MM estão a ser alvo de grande entusiasmo, atenção e importância devido ao seu potencial transformador para muitas pessoas que estão fora do sistema bancário e financeiro convencional. Prevê-se que as transferências MM ultrapassem os cartões de crédito num futuro próximo. Gaia (2010) explica que os MM são os serviços que permitem às pessoas sem contas ou cartões bancários utilizar os seus telemóveis como uma carteira eletrónica para armazenar, enviar e receber dinheiro. Trata-se de um método atrativo e alternativo para as pessoas efectuarem transacções, pois oferece aos utilizadores uma ferramenta eficiente que lhes dá a oportunidade de efectuarem transacções financeiras no conforto das suas casas (Mwape, 2011). Consequentemente, tem havido uma rápida adoção e um rápido crescimento do MM, especialmente em África, o que, de acordo com Ndiwalana et al (2010), pode ser explicado por:

1) A oportunidade oferecida pela MM para aumentar o acesso financeiro dos pobres,

2) E a capacidade da MM para acelerar o desenvolvimento económico.

O MM é único tanto na experiência do utilizador como no modelo de negócio, pelo que deve ser considerado separadamente (Boer e de Boer, 2010). Pela sua natureza, a MM reúne dois sectores distintos: a banca e as telecomunicações. Estes sectores têm de colaborar para que a implantação dos serviços de MM seja bem sucedida. Para os bancos, a MM é uma forma de poderem servir uma vasta base de clientes que, durante muito tempo, estiveram excluídos do sistema bancário. Ao mesmo tempo, a MM constitui um instrumento de diferenciação e de sobrevivência para os operadores de redes móveis. Permite-lhes fazer a venda cruzada de um novo serviço aos seus clientes devido à forte concorrência (Davidson, 2010). Os incentivos, as oportunidades e os benefícios do investimento na MM não se limitam aos operadores de redes móveis e aos bancos, porque várias outras partes interessadas, incluindo o governo, podem beneficiar da MM. Por exemplo, a MM pode ser utilizada pelo governo para pagar os salários dos trabalhadores não bancários e as pessoas podem também pagar os seus impostos e taxas ao governo utilizando os serviços de MM (The Economist, 2012).

No entanto, é imperativo ter em conta que a necessidade de serviços de MM difere de país para país, dependendo da disponibilidade de caixas automáticos, cartões de crédito, serviços bancários móveis e pela Internet que facilitam e aumentam o acesso aos serviços financeiros (The Economist, 2012). Em muitas partes do mundo, o sector da MM ainda está a dar os primeiros passos, mas está a desenvolver-se rapidamente. Kruger (2001) sugere que existe uma grande necessidade de recolher e organizar informações e conhecimentos sobre a GM a nível mundial. Partilhá-las e estimular debates sobre alguns dos desafios e questões que se colocam a esta indústria. The Economist (2012) enumera algumas das questões como: a combinação única de circunstâncias dos mercados individuais, a necessidade de regular os prestadores de serviços de MM da mesma forma que os bancos, a proteção dos clientes e o branqueamento de capitais. Embora algumas destas questões possam ser facilmente resolvidas, por exemplo, os riscos de branqueamento de capitais podem ser reduzidos através da imposição de um limite ao montante por transação e ao saldo da "conta" de MM, outras são complexas. Assim, Kruger (2001) insiste que o conhecimento sobre a MM deve ser agregado, começando por uma definição adequada dos termos da MM e desenvolvendo teorias para o sector. A secção seguinte analisa a literatura sobre a cadeia de valor da MM, o ecossistema, a adoção, as utilizações e a oportunidade de negócio da MM. Isto porque estas são áreas que foram identificadas na literatura disponível sobre a MM, principalmente na indústria, e podem ser facilmente organizadas em teorias para os académicos.

A cadeia de valor da MM

A produção e o fornecimento de qualquer bem ou serviço requerem um conjunto de actividades primárias e de apoio a realizar por uma empresa, de modo a transformar os inputs em outputs de valor acrescentado. É o que se designa por cadeia de valor. Este conceito foi cunhado e inventado por Porter (1985), que definiu uma cadeia de valor como uma série interligada de organizações, recursos e fluxos de conhecimento que entram num processo sistemático com o objetivo de criar e fornecer, de forma rentável, bens e serviços de valor aos consumidores. Do mesmo modo, a GM requer um conjunto bem coordenado de conhecimentos, recursos, actividades e processos para ser entregue ao utilizador final (Davidson, 2010).

Figura 2.2: A cadeia de valor da MM

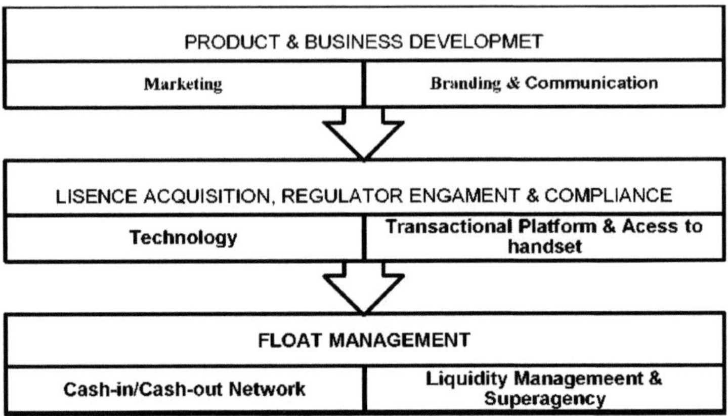

Fonte: Adaptado de Davidson (2012)

As actividades e os processos interligados que acrescentam valor e que são necessários para fornecer e entregar com êxito a MM ao utilizador final podem ser designados como a cadeia de valor da MM. Esta cadeia de valor pode ser dividida em duas categorias, como explicado por Davidson (2010):

Actividades de apoio

1) Desenvolvimento de produtos e negócios: Para que qualquer produto ou serviço possa ser oferecido ao mercado, é necessário que passe por diferentes fases antes de poder ser oficialmente lançado e oferecido no mercado. Por conseguinte, é necessário levar a cabo o processo de desenvolvimento do produto ou serviço, que começa com a avaliação das necessidades dos clientes no mercado. Este processo conduz à conceção do produto, que se destina a satisfazer as necessidades dos clientes. Alguns dos produtos ou serviços, como a MM, exigem que uma empresa se associe ou colabore com outras empresas e organizações, pelo que é necessário identificar parceiros comerciais adequados antes de selecionar o mercado em que o serviço ou produto deve ser oferecido ou visado. Esta fase da cadeia de valor resulta em dimensionamento, fixação de preços e modelação financeira, que são muito importantes.

2) Licença e conformidade: A MM requer licenciamento e conformidade para ser oferecida no mercado, sem o que se torna ilegal fornecer este serviço ao utilizador final. A razão para isso é que expõe os consumidores a riscos de lavagem de dinheiro e crimes cibernéticos, ao mesmo tempo que faz parte de um sistema de pagamento nacional que é fortemente regulado e governado

pelo banco central. O licenciamento e a conformidade provêm tanto do Banco Central como da Autoridade das Telecomunicações, porque o MM é um produto híbrido de infra-estruturas e tecnologias de redes móveis, bem como de infra-estruturas financeiras.

3) Detenção de flutuação: É necessário manter e conservar um saldo necessário de moeda eletrónica ou de numerário ou dinheiro físico numa conta bancária a que os agentes possam aceder imediatamente, a fim de satisfazer a procura dos clientes para comprar (levantar) ou vender (levantar) moeda eletrónica (Davidson & Penicaud, 2012). É isto que significa ter dinheiro em circulação. Em termos simples, é o dinheiro na massa monetária que representa um saldo mínimo que deve estar sempre numa conta, o saldo entre recebimentos e pagamentos. O Banco Central é responsável por regular a forma como este float tem de ser gerido e qual o montante de float necessário para garantir que as pessoas têm acesso a ele quando e como precisam dele. Esta é uma das principais razões pelas quais o MM requer Licenciamento e Conformidade para ser oferecido com sucesso no mercado.

Actividades primárias

Quando as actividades secundárias são realizadas corretamente e com êxito, torna-se fácil e viável começar a realizar as actividades primárias, que são:

1) Marketing: Isto implica a necessidade de capitalizar o amplo conhecimento que os clientes já têm dos serviços e da marca dos operadores móveis em geral, facilitando a venda da MM como um serviço complementar aos SMS, chamadas e outros serviços. Para além de utilizar a marca, a empresa também precisa de fazer publicidade no mercado de massas para criar e manter uma imagem do produto na mente dos clientes. Estas actividades podem ser facilmente levadas a cabo pelos operadores de redes móveis, que já dispõem de conhecimentos especializados nesta área.

2) Rede de Cash-in/cash-out: Isto envolve a utilização da rede de agentes distribuídos que existe na cadeia de fornecimento de tempo de antena. Isto torna possível reduzir os custos da oferta de serviços financeiros aos pobres, em oposição aos custos fixos e elevados envolvidos no sistema bancário convencional. No entanto, é necessário formar e gerir esta rede de agentes para que possam oferecer serviços de MM com sucesso. Os superagentes, bancos que compram moeda eletrónica aos operadores de redes móveis numa base grossista e a revendem aos agentes que a revendem internamente aos utilizadores finais (Davidson & Penicaud, 2012), não podem ser eliminados desta rede, porque têm competências e conhecimentos especializados em

matéria de gestão de flutuação e de liquidez, que são essenciais na cadeia de valor da GM.

3) Tecnologia: O MM requer o desenvolvimento e a manutenção de uma plataforma capaz de criar contas individuais. Esta plataforma também permite que os utilizadores finais processem e movimentem valores entre contas, pelo que é necessário que esta plataforma tenha uma interface com aparelhos e facturadores. Existem vários terceiros no mercado que apenas fornecem plataformas de transacções móveis tanto a operadores móveis como a instituições financeiras que gostariam de acrescentar o dinheiro móvel à sua gama de serviços. Para além da disponibilidade de plataformas, é necessário que os clientes tenham acesso a aparelhos móveis para poderem iniciar estas transacções. Assim, o canal de dados e as interfaces de utilizador são outras necessidades tecnológicas que não podem ser suprimidas. Normalmente, os operadores móveis inserem um menu para o serviço de moeda móvel no cartão SIM ou atribuem simplesmente um código curto USSD que dá acesso ao gateway USSD.

4) Atendimento ao cliente: É necessário dispor de pessoal formado para lidar com as questões e queixas dos clientes, de modo a garantir que estes tenham uma experiência de serviço satisfatória.

As diferentes actividades e processos presentes em qualquer cadeia de valor da MM exigem recursos, capacidades, activos e competências de diferentes empresas ou organizações. Estas podem ir desde os operadores de redes móveis, bancos e agentes até às entidades reguladoras, entre muitos outros. Isto sugere que, para além de haver uma cadeia de valor complexa, são necessários diferentes participantes (empresas e organizações) para a implantação bem sucedida dos serviços de MM sob a forma de uma cadeia de valor bem coordenada e integrada, também conhecida como ecossistema empresarial.

O ecossistema MM

A mudança das empresas num futuro próximo para uma cadeia de valor integrada foi prevista por Dobbs (1998). Tal deveu-se à tendência crescente das empresas para trabalharem em rede, colaborando assim com o objetivo de fornecer serviços e produtos de valor ao utilizador final. O princípio subjacente a este conceito é a associação de empresas para partilharem recursos e capacidades e investirem na mesma cadeia de valor, a fim de competirem efetivamente no mesmo mercado. Este comportamento empresarial resultaria numa cadeia de valor integrada:

Um conjunto de actividades e processos a realizar por várias empresas dentro de um canal de mercado partilhado que exige colaboração; planeamento, implementação, tanto eletrónica como fisicamente, para efeitos de gestão do fluxo de bens e serviços ao longo de toda a cadeia de valor, desde a origem até ao ponto de consumo, beneficiando assim todos os intervenientes na cadeia de valor (Dobbs, 1998).

O conceito de uma cadeia de valor integrada levou ao aparecimento e desenvolvimento de um importante conceito empresarial conhecido como *Ecossistema Empresarial*. Este conceito inspira-se nos princípios subjacentes da teoria das redes e da teoria dos ecossistemas biológicos. O termo "ecossistema empresarial" foi cunhado por Moore (1993), que comparou o comportamento das empresas modernas a partes interligadas de um ecossistema. Sugeriu que, no atual ambiente empresarial, as empresas precisam de colaborar para competir, tirando partido das suas relações existentes baseadas em redes de negócios. Peltonieni e Vuori (2004) definiram então o ecossistema empresarial como uma rede de empresas que se dedicam a actividades ou processos bem coordenados e sistemáticos com a intenção de criar e fornecer, de forma rentável, o mesmo valor acrescentado.

O objetivo de um ecossistema é criar um ambiente em que todos os participantes na cadeia de valor possam beneficiar da cooperação e da concorrência em simultâneo (Moore, 1993; Moore, 1996; Moore, 2005; Moore, 2006; Dobbs, 1998; Risikko & Choudhary, 2006; Peltonieni & Vuori, 2004). De acordo com Zahra e Nambisan (2012), existem quatro tipos ou categorias de Ecossistemas de Negócios:

1) Orquestral: caracteriza-se por um conjunto de empresas que trabalham em conjunto para aproveitar uma oportunidade de negócio apresentada pela inovação, arquitetura ou plataforma. Uma das empresas assume o papel principal em todo o processo,
2) Bazar criativo: pode ser disfarçado por uma empresa dominante que utiliza as suas infra-estruturas e tecnologias existentes para desenvolver novos produtos ou serviços. A empresa dominante "faz compras" de novas ideias e inovações e depois comercializa-as em colaboração com outras empresas,
3) Jam Central: nesta categoria não existe uma empresa dominante, existe uma forte colaboração, trabalho em rede e contribuições para o mesmo objetivo de inovação ou área emergente. Caracteriza-se pela partilha de responsabilidades em benefício de todos, e
4) MOD Station: prevê que um grupo de empresas trabalhe em conjunto para tirar partido da aplicação alternativa e da expansão de produtos, plataformas ou tecnologias existentes. Isto permite-lhes penetrar em mercados novos e diversificados, permitindo simultaneamente a concorrência e a colaboração.

Zahra e Nambisan (2012) afirmam que as empresas estão cada vez mais ligadas em rede e em parceria com o objetivo de partilhar recursos e informações de mercado, a fim de reinventar e fornecer valor ao cliente final. Para corroborar esta afirmação, Kandiah e Gossain (1998) explicam que os ecossistemas empresariais são semelhantes à cadeia de valor integrada, mas vão mais longe do que a necessidade de integrar as diferentes capacidades das empresas. Do mesmo modo, Tsvetkora e Gustafsson (2012) sugerem que o aparecimento, a existência e o desenvolvimento de algumas indústrias dependem do facto de diferentes entidades trabalharem como funções respectivas, mas interdependentes, da mesma indústria. O sector da MM é provavelmente um dos melhores exemplos contemporâneos de uma cadeia de valor integrada que foi prevista por Dobbs (1998). Esta cadeia é normalmente designada por Ecossistema MM. Desde o início, é importante reconhecer a complexidade que acompanha um ecossistema empresarial. No caso da MM, a complexidade começa com o cenário MPS, caracterizado por:

1) A disponibilidade dos diferentes tipos de serviços financeiros; MM e MB,
2) As diferentes tecnologias que permitem estes serviços, as combinações de tecnologias e modelos empresariais que envolvem todos os tipos de actores e partes interessadas, e
3) Não existe uma definição clara de MPS (Bel & Gaza, 2011).

Por conseguinte, o acima exposto dá uma ideia da complexidade do ecossistema da GM. Os serviços de MM não representam apenas uma oportunidade e incentivos, mas também uma responsabilidade para todos os participantes e partes interessadas no ecossistema (Davidson, 2012). No entanto, a MM como serviço e indústria em geral, ainda está a dar os primeiros passos. E não se pode subestimar a necessidade de coordenar as actividades realizadas pelos respectivos intervenientes ou partes interessadas no ecossistema de MM. Os Ecossistemas de GM exigem que os actores ou partes interessadas; sector privado, governo e comunidade de doadores trabalhem em conjunto, de modo a atingir as economias de escala (USAID, 2012).

O ecossistema MM pode ser definido como uma rede de indivíduos e entidades (actores ou partes interessadas) que trabalham em conjunto para permitir que os serviços MM se enraízem, proliferem e ganhem escala com base em redes, colaboração e parcerias (Jenkins, 2008). Parafraseando as palavras de Khalie (2009), Dolan (2009) afirma que o crescimento, o desenvolvimento e o impacto dos serviços de GM só podem ser totalmente capitalizados quando os actores e as partes interessadas trabalham em conjunto para identificar as políticas e o modelo de negócio adequados que permitam a realização de economias de escala em massa. Os objectivos da parceria, da colaboração, da interdependência e da coordenação entre os participantes no ecossistema de MM são ajudar o sector a passar da sua fase emergente para a fase de expansão e, eventualmente, para a fase de maturidade. Uma das parcerias fundamentais no sector da MM é a que existe entre os operadores de redes móveis e os bancos. Além disso, podem existir diferentes modelos de colaboração entre estes sectores vitais, mas muito diferentes (Ndiwalana et al, 2010). Em muitos casos, a falta de colaboração entre as várias partes interessadas do ecossistema de MM levou ao fracasso do sector em certas partes do mundo. Por esta razão, Ndiwalana et al (2010) colocam uma questão muito importante, especialmente para os operadores de redes móveis e os bancos: *qual é o papel da política e da regulamentação progressivas?*

Talvez seja esta a razão pela qual Kankasa-Mabula (2009) afirma que; à medida que o número de actores no ecossistema de MM aumenta. Será necessário estabelecer um quadro jurídico de apoio robusto para reger o sistema geral de pagamentos, de modo a promover e manter a eficiência, a estabilidade e a segurança. Para corroborar esta ideia, Ng'andu (2011) argumenta que os serviços de MM alteraram o carácter do sistema de pagamentos em geral, tornando ténue a fronteira entre os produtos dos serviços de MPS e os produtos da banca convencional. Daí a necessidade de criar regulamentação adequada que proteja os consumidores e o sector em geral contra a fraude e as práticas anti-concorrenciais. Os participantes gerais e comuns no ecossistema MM são enumerados no quadro 2.0. Estes contribuem com diferentes recursos para a cadeia de valor da MM, incluindo activos, competências, conhecimentos e capacidades. Os participantes enumerados no quadro 2.0 desempenham papéis diferentes, mas importantes, no ecossistema MM. As suas funções respectivas podem ser facilmente identificadas pelos recursos com que contribuem para as diferentes fases da cadeia de valor da GM. Por conseguinte, não há dúvidas quanto à necessidade de incentivar a colaboração entre estes participantes. Isto pode promover um ambiente propício, resultando num sistema eficaz, eficiente, fiável e seguro (Mwape, 2011). De acordo com Jenkins (2008), como mostra a tabela 2.0, há muitos participantes no ecossistema de gestão da qualidade. Estes participantes têm activos e capacidades diferentes, daí a variação de poder ou interesse semelhante à das partes interessadas.

Tabela 2.0: Participantes e partes interessadas no ecossistema MM

PARTICIPANT/STAKEHODERS	ASSETS AND CAPABILITIES
Mobile Network Operators (MNOs)	Mobile Infrastructure, Extensive retail outlets and agents, massive customer base that include low income segments, strong brand that customers trust, customer service structure and the ability to make good margins on low ARPUS.
Banks (Super Agents)	Banking License and Infrastructure, ability to facilitate foreign exchange, clearing and settlement, expertise in regulatory compliance, retail network though significantly limited as compared to that of MNOs.
Agents	Physical points of presence, Customer trust (in some cases), Knowledge of customer usage habits and needs
Retailers	Physical Point of Presence
Utility Companies	Periodical Billing and Collection
Micro-Finance Institutions	Service Presence among low income segments, regular communications with low-come clients ,knowledge of low-income clients' habits and needs
Employers	Existing periodic payroll distribution to employees
Regulators	Authority to impose regulations, monitor and enforce compliance
IFIs and Donors	Contacts, experience and expertise across countries, sectors and industries, credibility with regulators ,comprehensive suite of relevant functions, international presence
Civil Society	Local contacts and knowledge in low-income markets, credibility and trust, relevant operations
End Users	Relevant needs
Government	Physical Presence in remote areas, statistics and data on low-income populations, authority and power over policies and regulations ,relevant contacts

Fonte: Jenkins (2008)

A teoria das partes interessadas foi cunhada e definida por Freeman (1984) como "qualquer grupo ou indivíduo que possa afetar ou ser afetado pela realização do(s) objetivo(s) de uma organização". Os respectivos indivíduos e empresas ou organizações presentes no ecossistema da GM são afectados e podem também afetar a prestação e o fornecimento de serviços de GM. Por exemplo, se os agentes forem retirados do processo de prestação de serviços, a prestação de serviços de gestão de mercados ficará paralisada porque os "centros de serviços" onde os clientes se podem dirigir para efetuar levantamentos e levantamentos deixarão de existir. Este facto reduziria significativamente a cobertura e o alcance dos serviços de MM. Assim, todos os actores do ecossistema comercial da MM não podem ser considerados como garantidos, apesar das diferenças nos papéis que desempenham. Por conseguinte, ao adotar os princípios das partes interessadas e aprender com este conceito. As partes interessadas na MM podem ser descritas e definidas como qualquer empresa ou instituição e indivíduos que desempenham um papel na prestação, fornecimento e utilização da MM, cuja participação agregada pode levar à obtenção de economias de escala para os serviços de MM. Isto pode ainda ser relacionado com o quadro de Mendelow, que é utilizado para compreender a influência das partes interessadas através da categorização das mesmas para efeitos de gestão. De forma semelhante, a importância e o peso dos respectivos actores no ecossistema da GM podem ser agrupados utilizando a matriz de poder.

Figura 2.3: Matriz de interesse e poder dos intervenientes de Mendelow

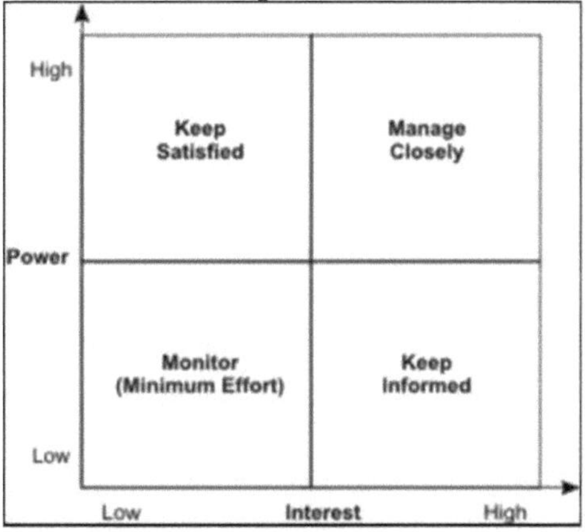

Fonte: Adaptado de Freeman et al (2004)

O princípio subjacente ao quadro de Mendelow é que a influência dos respectivos intervenientes pode ser medida e diferenciada através de duas variáveis: poder e interesse:

$$Influência = Interesse \times Poder$$

A aplicação desta ideia aos participantes ou partes interessadas no Ecossistema MM num quadro proposto pode ser descrita na seguinte equação:

$$Peso\ do\ Participante = Interesse \times Recursos$$
$$(Activos/Capacidades/Competências)$$

Esta equação ilustra os diferentes papéis desempenhados pelos respectivos participantes no ecossistema MM e os seus incentivos. Por exemplo, a relação operador-banco é fundamental para a cadeia de valor da MM. Os operadores de redes móveis precisam que os bancos actuem como super agentes responsáveis pela detenção dos depósitos necessários para complementar o valor eletrónico armazenado nas carteiras móveis dos clientes e dos agentes. Do mesmo modo, os bancos precisam que as ORM forneçam o canal de dados que permite aos clientes e agentes iniciarem instruções para pagamentos e transacções utilizando os seus telemóveis (Davidson, 2012). Por outro lado, os reguladores e o governo são obrigados a criar um ambiente propício ao sector. Assim, é necessária uma maior colaboração e o aprofundamento da relação entre o sector público e o privado (Dolan, 2009). Por isso, nunca é demais sublinhar a necessidade de trabalharem em conjunto e partilharem recursos (activos/capacidades/competências). A sua participação coordenada na cadeia de valor e no ecossistema da MM é importante para o crescimento do sector da MM (Davidson, 2012).

Adoção da MM pelos consumidores

O MPFI (2007) previu que até 2010 haveria pelo menos 3 mil milhões de pessoas com telemóveis. No entanto, a mera posse de telemóveis e o acesso ao Mobile Money (MM) não se traduzem automaticamente na adoção e utilização efectivas do MM. A utilização requer um acompanhamento, no seu melhor, por muitos actores (Ndiwalana, 2010). Shen (2010) explica que os pagamentos móveis em geral são um tipo interessante de oferta de serviços, porque, ao contrário de outros métodos de pagamento, os pagamentos móveis podem ser facilitados pelo MMS. O pagamento móvel pode ser facilitado pelos operadores móveis e não pelo sistema bancário estabelecido. Em vez de pagar com dinheiro vivo, cheques ou cartões de crédito, os consumidores podem utilizar os seus telemóveis para pagar serviços e produtos (Shen, 2010). Davidson e Penicaud (2012) lamentam que, embora a indústria de MM continue a crescer, medida pelo número total de implantações, não é fácil determinar o número de clientes que estão efetivamente a utilizar este serviço. No entanto, a extensão da adoção do MM pelos consumidores é importante tanto para os profissionais do sector como para os observadores. Davison & Penicaud (2012) insistem que o importante é o número de utilizadores e não o número de implantações. A importância da necessidade de estimar a extensão da adoção da MM a nível mundial não pode ser negligenciada. Por conseguinte, é necessário explorar e determinar o que influencia a utilização e a aceitação da MM pelos consumidores. A questão que a adoção pelos consumidores deve abordar é: os consumidores estão prontos para adotar este método alternativo de pagamento? Isto porque o sucesso do MM depende da aceitação e da adoção do MM pelo mercado de massas (Kreyer et al,

2003).

A adoção do MM e do MPS em geral tem sido amplamente investigada por diferentes pessoas, recorrendo a teorias de adoção pelos consumidores, como a Teoria da Difusão da Inovação (DIT) e o Modelo de Aceitação da Tecnologia (TAM), conforme resumido no quadro 2.1. Com base nestas teorias e na investigação empírica, muitos académicos, como Karnouskos e Fokus (2004), concluíram que, para que qualquer MPS e MM seja aceite no mercado como um método de pagamento legal alternativo, o método deve satisfazer os requisitos básicos do consumidor. O método deve satisfazer os requisitos básicos de: Simplicidade e Usabilidade, Universalidade, Interoperabilidade, Segurança, Privacidade e Confiança, Custo, Rapidez e Pagamentos Transfronteiriços. No entanto, a mera aceitação de um sistema não se traduz automaticamente na sua utilização e adoção efectivas (Kreyer et al, 2003).

Por conseguinte, a adoção e o impacto do MM nas economias emergentes é fundamental, porque é aí que estes serviços têm um sucesso evidente. No entanto, a influência e o impacto dos ambientes sociais, económicos e culturais na adoção pelos consumidores, que prevalecem nos respectivos mercados, não podem ser subestimados (Ndiwalana et al, 2010). Khalifa e Shen (2008) sugerem que a adoção é impulsionada principalmente pela perceção da importância e dos benefícios do serviço, que Ajzen (1991) resumiu em: custo, conveniência, privacidade, eficiência e segurança. Shen (2010) acrescenta que a adoção de qualquer tecnologia é influenciada principalmente pela segurança, pela perceção do risco, pela confiança e pela influência social. O sucesso do MM nos mercados emergentes demonstra que o MM foi adotado pelos consumidores, mas o desafio é que não foi adaptado aos níveis previstos devido a barreiras aqui e ali. Ndiwalana et al (2010) afirmam que, para incentivar e acelerar a adoção da MM, os fornecedores devem dedicar algum tempo a identificar as necessidades e utilizações reais da MM. Além disso, se os fornecedores de MM quiserem levar a MM para além das transferências básicas de dinheiro, devem ter em conta os diferentes contextos do mercado. O quadro 2.1 apresenta um resumo das principais teorias que podem ser utilizadas para compreender a adoção da MM pelos utilizadores.

Tabela 2.1: Resumo das teorias de adoção pelo consumidor

THEORY	DESCRIPTION	STRENGTHS	LIMITATIONS	KEY REFERENCES
Diffusion of Innovation (DOI)	Concentrates on how consumers learn about an innovation. Evaluates communication channels in light of the assumption that people depend on media and interpersonal communication differently.	Is empirically validated as it is the main framework that has been used for a long time to study consumer adoption of innovations.	Is limited to communication and product life cycle issues. Does not proactively help to understand adoption behaviour	Rogers (1962), Bass (1969) and Rogers (2003)
Theory of Reasoned Action (TRA)	Suggest that intention to adopt is influenced by attitudinal components: beliefs about outcome and consequences of behaviour, and subjective norm components :level of importance or desire to please others or society.	Cognitive model, works at the individual level and organisational level.	Limited to attitudes towards adoption behaviour, limits study of consumer behaviour and is perceived to be in limited control.	Fishbein & Ajzen (1975), Ajzen and Fishbein (1980)
Theory of Consumption Values (TCV)	Suggest that consumer choices are based on percieved values in relation to 'market choice' and that perceived values contribute distinctively to specific choices.	Considers attitude towards product/technology. Identifies adoption drivers that can be used to develop promotion messages based on perceived consumption values and is a simple but broad framework.	Has not been used in adoption of technology and does not address influencing factors that affect purchase decision involving two or more people (couple and organisations).	Sheth et al (1991)
Theory of Planned Behaviour (TPB)	Is an extension of the TRA with an additional dimension: perceived behaviour control, that considers uncontrolled external circumstances	Provides understanding of the adoption process from the perspective of cognitive behaviour.	Studies attitude toward adoption behaviour and not attitude towards the actual product.	Ajzen (1991)
Unified Theory of Acceptance & use of Technology (UTAUT)	Integrates TRA, TAM, TPB DOI models of PC utilisation, motivational model and social cognitive theory.	Enhances the understanding of user acceptance technology	Is complex and does not concentrate on actual behaviour but intention.	Venkatesh, Morris, Davis and Davis (2003)
Technology Acceptance Model (TAM)	suggests that the intention to adopt is by perceived usefulness and ease of use of a new technology.	Customized for studying user acceptance of information system technology.	Studies attitude toward behaviour not attitude towards the product	Davis (1989) and Davis et al (1989)

Fonte: McManus e Standing (2005)

Pode presumir-se que a aceitação e a adoção de MPS como o MM dependem da conveniência, do custo, da facilidade de utilização e da utilidade. Para serem adoptados como métodos de pagamento alternativos, os serviços de MM devem ser seguros, convenientes, fáceis de utilizar e oferecidos com pouco ou nenhum custo adicional para os consumidores (Shen, 2010). Além disso, a inexistência de um procedimento de pagamento universal para o MM que possa ser utilizado em vários comerciantes implica que estes não podem satisfazer a maioria das necessidades dos consumidores. O resultado é a desilusão dos clientes e a sua relutância ou lentidão em adotar o MM como método de pagamento alternativo (Kreyer et al, 2003).

As principais teorias que podem ser aplicadas no estudo e compreensão do comportamento do consumidor são resumidas e apresentadas na tabela 2.1. Em conclusão, embora exista uma consciência universal geral do MM e do MPS em geral, os níveis de adoção ainda não atingiram a escala (Intermedia Africa, 2011). Em geral, os consumidores adoptam o MM com base no facto de ser um sistema de pagamento conveniente, seguro e rentável, entre outros factores. No entanto, os factores reais que influenciam a adoção são muitos. Incluem factores como a atitude e a cultura, dependendo da nação em causa (Ng'andu, 2011). Além disso, a grande divergência de experiências de serviços de MM em todo o mundo exige esforços acrescidos para impulsionar a adoção pelos clientes (Davidson & Penicaud, 2012).

Utilizações e aplicações dos serviços MM

O Mobile Money é uma carteira eletrónica móvel que permite aos clientes efetuar diferentes transacções comerciais de forma rápida, conveniente e segura (Mwape, 2011). As utilizações do MM são muitas e ainda há muitas utilizações emergentes, dependendo do mercado em que está a ser oferecido. No entanto, as utilizações mais comuns vão desde o mero carregamento de créditos, o envio e a receção de dinheiro, o pagamento de salários, subsídios e despesas de saúde até ao acesso a microempréstimos e ao pagamento de prémios de seguros (UNCTAD, 2012; Shrivastava, 2012; Davidson & Penicaud, 2012; Montez & Goldstein, 2010; Ndiwalana et al, 2010). Uma forma mais organizada e alternativa de considerar as utilizações da GM consiste em categorizar as utilizações da seguinte forma:

1) *Transferências móveis:* Estas transferências envolvem principalmente o envio e a receção de dinheiro de assinantes registados e não registados.

2) *Pagamentos móveis:* São muitos e existem vários tipos emergentes, dependendo do que satisfaz as necessidades e o estilo de vida das pessoas num determinado mercado. Incluem, mas não se limitam a: compra de tempo de antena ou recarga, pagamento de propinas escolares, contas de serviços públicos como água, assinatura de TV e eletricidade, pagamento de taxas de serviços de saúde, pagamentos em massa como salários,

contribuições para igrejas e ONGs, pagamento de subsídios do governo e pagamento de taxas.

3) *Serviços financeiros móveis:* Funcionam quando a carteira MM de um utilizador final está ligada ao seu cartão bancário ou à sua conta. A partir daí, os clientes podem pagar coisas como prémios de seguros, aceder a microempréstimos e reembolsos e transferir dinheiro entre contas bancárias.

É razoável concluir que não há limite para a gama de serviços e transacções para os quais a MM pode vir a ser utilizada, porque:

> *O MM é dinheiro que pode ser acedido e utilizado através do telefone para fazer remessas nacionais e internacionais, depósitos em conta corrente, pagamentos de contas, recebimentos e reembolsos de empréstimos, compra de bens e serviços, desde mercearias a bilhetes de avião, micro seguros e tempo de antena pré-pago* (Jenkins 2008).

Embora existam muitas utilizações do MM, a utilização mais popular do MM é especialmente nas regiões onde este serviço tem tido muito sucesso, como em África. As transferências móveis (envio e receção de dinheiro) são a aplicação mais popular do MM (Butt, 2011). Ndiwalana et al (2010) argumenta que, apesar de o MM estar atualmente a ser utilizado para transferências de dinheiro, muitos defensores do MM estão confiantes de que este serviço tem potencial suficiente para transformar o tecido financeiro da sociedade entre a população com baixos rendimentos. No entanto, o conhecimento e a literatura sobre as utilizações da MM são limitados, devido às diferenças contextuais e aos diferentes tipos de implantação da MM, que resultam numa utilização crescente e dinâmica da MM em todo o mundo. No entanto, Davidson e Penicaud (2012) resumiram as utilizações e aplicações dos serviços de MM da seguinte forma

Pessoa a Pessoa (P2P), Pessoa a Empresa (P2B), Empresa a Pessoa (B2P), Governo a Pessoa (G2P) e Pessoa a Governo (P2G) .

A oportunidade de negócio para MM

A tecnologia dos telemóveis está a ser utilizada de várias formas para revolucionar o sistema financeiro convencional em todo o mundo, sob a forma de serviços de Mobile Banking (MB) e Mobile Money (MM). Curiosamente, o MM parece ser a aplicação mais famosa e notável da tecnologia dos telemóveis, especialmente nas regiões em desenvolvimento do mundo. Este facto pode ser atribuído à capacidade do MM para responder às necessidades financeiras das pessoas comuns, bem como às das pequenas e médias empresas (UNCTAD, 2012). A principal oportunidade que a MM oferece é o que Hughes e Lonie (2001) apontam. Não há escassez de fundos, mas é a capacidade de transferir o dinheiro de uma pessoa para outra que constitui um desafio. Assim, o facto de o dinheiro chegar às mãos de pessoas que o podem utilizar é apenas limitado pelo lado da oferta e não pelo lado da procura. A necessidade de investir em serviços de MM é inquestionável; de facto, isto já atraiu o interesse tanto do sector privado como do sector público, que têm diferentes incentivos para o fazer. Por exemplo, os bancos têm a oportunidade de manter os seus clientes e aumentar a sua "gama de produtos", bem como de evitar serem completamente desintermediados do sistema financeiro. Desta forma, o sistema reduz significativamente o custo de servir os segmentos de mercado que estão sub-bancarizados (Boer e de Boer, 2009).

Por outro lado, à medida que os operadores de redes móveis procuram formas de aumentar a sua gama de serviços de voz e SMS. Os serviços MM oferecem-lhes uma oportunidade de diversificação do negócio (Ndiwalana et al, 2010). Uma vez que o serviço tem o poder de perturbar a natureza limitada do sector bancário convencional, apresentando uma oportunidade de implantar um método de pagamento inovador que satisfaz as necessidades de transação das pessoas comuns. Não só é uma proposta para obter o retorno do investimento (RIO) para as infra-estruturas dos operadores de redes móveis, como também pode gerar receitas adicionais. Tal pode estar associado ao aumento da utilização do tempo de antena e dos dados, bem como constituir um meio de reduzir a rotatividade dos clientes (Boer & de Boer, 2009). Por último, mas não menos importante, os comerciantes não podem ser deixados de fora, porque os serviços de MM fornecem um meio pelo qual o rendimento na caixa pode ser melhorado, reduzindo os custos e os riscos associados ao manuseamento de grandes quantidades de dinheiro (Boer & de Boer, 2009). Ng'andu (2011) afirma que os pagamentos móveis são os métodos de pagamento de retalho contemporâneos e inevitáveis que chegam a grandes segmentos da população de uma forma que os sistemas financeiros convencionais não conseguem. Por conseguinte, a oportunidade de negócio subjacente consiste em explorar a população sem conta bancária, o que exige a colaboração e parcerias entre as partes, a fim de explorar este investimento empresarial cujos benefícios totais só podem ser usufruídos quando o sistema atingir economias de escala em massa.

CAPÍTULO TRÊS: METODOLOGIA

3.0 INTRODUÇÃO

Este capítulo descreve todo o processo de realização da investigação. Os procedimentos e métodos que foram utilizados para recolher informação e chegar aos resultados são apresentados neste capítulo; metodologia e conceção da investigação (Hussey & Hussey, 1997). Este estudo tentou compreender, descrever e mapear o Ecossistema do Dinheiro Móvel (MM) na Zâmbia com a intenção de responder ou estabelecer uma base para responder à pergunta inevitável: *Porque é que a implementação do MPS na Zâmbia não é tão famosa como o M-Pesa do Quénia?* Por conseguinte, o estudo tem os seguintes objectivos de investigação

1) Mapear o Ecossistema MM na Zâmbia.
2) Estabelecer a principal oportunidade de negócio da MM na Zâmbia.
3) Estabelecer os desafios do MM na Zâmbia.

O MM é um serviço contemporâneo e uma área de interesse emergente tanto para os profissionais como para os académicos. Este facto apresenta a necessidade de se obterem conhecimentos e compreensão de modo a desenvolver teorias que podem ser alcançadas através da utilização de modelos de investigação exploratórios e descritivos (Burns & Grove, 2003; Boeije, 2009, Janet, 2004). A fim de compreender melhor os serviços de MM na Zâmbia, era imperativo obter informações e descrições. Assim, foi aplicada uma conceção de investigação descritiva. As secções seguintes deste capítulo descrevem o método de investigação utilizado neste estudo, descrevendo o método de recolha de dados, a seleção da amostra, as técnicas de análise de dados e os desafios do estudo.

3.1 ABORDAGEM DE INVESTIGAÇÃO

De um modo geral, o MPS é um tema vasto e complexo, o que torna a sua compreensão algo difícil. Por este motivo, o método de investigação adequado para este estudo foi o método misto. Jehn e Jonsen (2010) aconselham que, numa situação em que o tópico de investigação parece ser complexo e envolve informações organizacionais sensíveis. Uma mistura de métodos na investigação é útil para tentar ultrapassar alguns dos desafios inerentes. Os investigadores definem os métodos mistos como a aplicação de diferentes abordagens, métodos e técnicas de investigação num único estudo (Hussey & Hussey, 1997; Lee & Lings, 2008; Bryman & Bell, 2003). Onwuegbuize et al (2006) explica que a investigação e a análise com Métodos Mistos envolvem a utilização da lógica e da intuição do investigador, o que proporciona uma oportunidade para uma maior compreensão dos resultados. A força dos Métodos Mistos reside no seu potencial para compensar as fraquezas da utilização exclusiva de métodos qualitativos ou quantitativos.

Evidentemente, as caraterísticas da investigação e análise de métodos mistos podem ser utilizadas para enfrentar os desafios da realização de investigação sobre os serviços de dinheiro móvel (MM) na Zâmbia. Por conseguinte, neste estudo, foram recolhidos dados quantitativos e qualitativos de diferentes fontes, embora tenham sido recolhidos mais dados qualitativos do que quantitativos. As principais fontes de informação foram empresas, instituições e organizações: A Autoridade para a Informação e as Telecomunicações da Zâmbia (ZICTA), o Banco Central da Zâmbia (BOZ), a Mobile Transactions Zambia Ltd (Zoona), a Celpay Zambia Ltd e as filiais das MNO, ZMP Ltd e MTN Mobile Money Ltd. Os tipos de dados recolhidos incluíam:

1) Dados textuais de documentos da empresa, tais como discursos e apresentações feitos durante o lançamento de "produtos" MPS como Airtel Money, MTN Money, FNB e-wallet e Standchart Bank Mobile Banking,
2) Artigos do jornal Post sobre as novas utilizações da MM,
3) Os valores mensais totais e o seu valor monetário para as transacções nacionais dos serviços de MM. Estes dados foram extraídos das bases de dados electrónicas de uma organização, e
4) Dados narrativos recolhidos junto dos peritos no domínio (DE) através de entrevistas, apresentações semi-formais e debates.

Investigação com métodos mistos

Brannen (2005) define Métodos Mistos como a utilização de métodos de investigação qualitativos e quantitativos, ou uma mistura de métodos qualitativos ou uma mistura de métodos quantitativos num único estudo. O termo 'métodos mistos' implica trabalhar com diferentes tipos de dados obtidos a partir de perguntas abertas, comentários escritos em questionários, entrevistas, relatórios de documentos e artigos de notícias. As perguntas quantitativas podem ser utilizadas para obter informações para efeitos de comparação e estabelecer ligações, enquanto as perguntas qualitativas podem ser utilizadas para explorar e descrever a área em questão (Onwuegbuize & Leech, 2006).

Taylor-Powell e Renner (2003) afirmam que as hipóteses de encontrar dados qualitativos e quantitativos num único estudo são elevadas devido à utilização comum de perguntas abertas e fechadas no processo de recolha de dados. Tashakkori e Teddie (2010) afirmam que a investigação com métodos mistos permite diferentes tipos de compreensão, oferecendo simultaneamente ao investigador a oportunidade de utilizar as suas capacidades de resolução de problemas e de proporcionar a credibilidade e a confiança necessárias para tirar conclusões na investigação, especialmente em domínios emergentes.

3.2 MÉTODOS DE RECOLHA DE DADOS

A utilização de métodos mistos num estudo permite a utilização de métodos de recolha de dados qualitativos e quantitativos. Estes podem variar entre inquéritos, grupos de discussão, observação e etnografia, entrevistas e recolha de conhecimentos (Hussey e Hussey, 1997). A combinação de métodos de recolha de dados não só é possível como é prática e pode compensar os pontos fracos de um método único. Por exemplo, pode ser utilizado um inquérito por questionário para recolher dados quantitativos, complementado por entrevistas aprofundadas para fornecer informações qualitativas sobre o problema em causa. Neste estudo, foi utilizado um método de recolha de dados pouco comum, mas poderoso e emergente: a obtenção de conhecimentos.

Obtenção de conhecimentos

Kwong e Lee (2009) definiram a elicitação de conhecimentos como a utilização de técnicas e métodos que tentam extrair informações e dados dos peritos no domínio (DE). Isto é feito através da interação com os peritos do domínio através de discussões, chats e entrevistas. Este método de recolha de dados reconhece a riqueza e a vasta quantidade de conhecimentos existentes nas cabeças dos peritos ou profissionais (Bechofer, 2006). Talvez este método possa estar intimamente associado ao pressuposto de que as teorias só podem ser criadas com base no feedback dos profissionais do sector. Por conseguinte, este estudo precisava de obter conhecimentos dos profissionais do sector, que se presume acumularem os conhecimentos especializados através das suas experiências de trabalho diárias. Alvarez (2002) definiu a elicitação de conhecimentos como o ato comunicativo que envolve a recolha de dados e informações de utilizadores finais ou especialistas.

Existem muitas ferramentas que podem ser utilizadas na obtenção de conhecimentos, tais como relatórios verbais, observação, rastreio de processos, etc. Burge (2010) acrescenta que: as entrevistas, estruturadas, não estruturadas ou semi-estruturadas, e a análise de documentos são algumas das ferramentas populares que podem ser utilizadas para obter informações. Pela sua natureza, os métodos ou ferramentas de elicitação de conhecimentos fornecem informações ricas que podem ser associadas a relações, factos, regras e relevância estratégica que são específicas do perito no domínio (Cooke, 2001).

Embora a Elicitação de Conhecimentos seja uma técnica poderosa e emergente para a recolha de informações ou dados qualitativos e quantitativos, tem sido aplicada em diferentes sectores, desde as TIC à saúde, ao militar e ao empresarial. Esta técnica também apresenta os seus próprios desafios e riscos (Chester, 2003; Klein, 1996; Cooke, 2001). Embora apresente oportunidades e possibilidades inquestionáveis para o(s) investigador(es), a elicitação de conhecimentos pode apresentar um risco de validade. Não só consome muito tempo devido às longas sessões de elicitação de conhecimentos, como também é dispendiosa e depende fortemente de uma boa e efectiva comunicação, o que não é uma competência comum (Burge, 2010; Alvarez, 2002). Por último, a elicitação de conhecimentos exige tempo e muito cuidado para identificar os peritos romanos relevantes para o problema em causa. Além disso, é necessário um elevado nível de disciplina por parte do investigador. Os peritos do domínio são as pessoas consideradas como tendo a experiência prática e os conhecimentos relevantes para o problema de investigação de um determinado estudo.

3.3 SELECÇÃO DE AMOSTRAS

Uma amostra é um grupo de pessoas ou organizações que representa uma população de interesse, a partir da qual são recolhidos ou estudados dados ou informações (Smith & Album, 2012). A investigação qualitativa requer normalmente métodos e estratégias de amostragem não estatísticos, como a Amostragem por Julgamento. Neste estudo, a amostragem por julgamento foi aplicada porque o investigador precisava de entrevistar especialistas no domínio do dinheiro móvel na Zâmbia. Curtis et al (2000) explica que a amostragem criteriosa permite que as amostras sejam selecionadas propositadamente com o pressuposto de que a amostra será apropriada e fornecerá dados adequados e aprofundados para a investigação. O tamanho adequado da amostra para este estudo foi um mínimo de seis peritos do domínio, que Baker (2012) qualifica explicando que; a adequação do tamanho de uma amostra pode ser justificada pela medida em que os dados e a informação recolhidos num estudo respondem às perguntas da investigação, cumprem os objectivos da investigação e a validade dos resultados da investigação. Do mesmo modo, Wilnot (2005) argumenta que a conceção da investigação, o método de recolha de dados e o tema da investigação podem ser utilizados para justificar a adequação de uma amostra utilizada num estudo, especialmente na investigação qualitativa. Por conseguinte, neste estudo, foi utilizada uma amostra de seis peritos do domínio, conforme indicado na tabela 3.0.

Tabela 3.0: Lista de peritos no domínio (DE)

Tabela 3.0: Lista de peritos no domínio (DE)

DOMAIN EXPERTS		
NAME	**JOB TITLE**	**ORGANIATION**
Mr Leonard Nonde	Network Operations centre Manager	MTN Mobile Money Ltd (Subsidiary of MTN Zambia Ltd)
Mr Kango Mbewe	Research Officer; Markets, Competition and Licensing	Zambia Information & Telecommunications Authority(ZICTA)
Mr Malunga Siwela	Compliance Manager	ZNP Ltd (Subsidiary of Airtel Zambia Ltd)
Mr Mwelwa Mwaba	Analyst; Payment System Development	Bank of Zambia (BOZ)
Mr Manase Kapwele	Mobile Money Administrator	MTN Zambia Ltd
Ms Azalea Carisch	Agent Communications Manager & Rural Micro-Finance Advisor	Mobile Transactions Zambia (Zoona)

3.4 ANÁLISE DE DADOS

Este estudo baseou-se fortemente em métodos de Análise de Dados Qualitativos que requerem elevados níveis de disciplina, uma vasta gama de competências, conhecimentos e a capacidade de escrever bem (Chenail, 2012):

1) Dados textuais de documentos da empresa, como discursos e apresentações feitas durante o lançamento de "produtos" MPS, como Airtel Money, MTN Money, FNB e-wallet e Standchart Bank Mobile Banking,

2) Artigos do jornal Post sobre as novas utilizações do Mobile Money,

3) Os valores mensais totais das transacções nacionais da MM provenientes das bases de dados electrónicas das empresas e organizações, e

4) Dados narrativos de peritos do domínio (DE) durante a interação (chats, palestras, debates).

A fim de analisar os tipos de dados acima enumerados, que eram maioritariamente qualitativos e envolviam conversas e documentos de qualidade, sob a forma de narrativa e texto. O método que permitiria descrições de qualidade, a criação de sentido e a interpretação era adequado (Chenail, 2012). Por conseguinte, foram aplicadas a Análise de Conteúdo e a Análise Narrativa, uma vez que proporcionaram ao investigador uma oportunidade de ser crítico e analítico ao pensar e analisar a informação recolhida. A criatividade também foi importante para este estudo (Taylor-Powell & Renner, 2003; Creswell, 2006). A análise de conteúdo, tal como definida por Hsieh e Shammon (2005), é a interpretação subjectiva dos dados de conteúdo através da classificação sistemática, da codificação e da identificação de temas e padrões. Esta técnica de análise de dados permite flexibilidade, proporcionando assim espaço suficiente para o conhecimento e a compreensão (Neuendorf, 2002; Hsieh & Shammon, 2005). A Análise de Conteúdo é por vezes utilizada como Análise Crítica do Discurso porque envolve a categorização de dados, a interpretação e o resumo de dados narrativos que podem ser recolhidos no estudo devido a perguntas abertas, transcrições de entrevistas, documentos e relatórios (Taylor-Powell & Renner, 2003). A utilização da análise de conteúdo em estudos qualitativos tornou-se popular, uma vez que reconhece os dados recolhidos da interação humana, discursos e documentos (Neuendorf, 2002). O desafio na análise de dados qualitativos reside no facto de, por vezes, por natureza, este tipo de dados e de informação poder ser avassalador. Isto dificulta a avaliação da qualidade da informação recolhida na investigação com métodos mistos. Consequentemente, é necessário que o investigador seja cuidadoso e hábil na condução da investigação de Métodos Mistos e da Análise de Dados (Bryman & Bell, 2003). Finalmente, os dados quantitativos que foram recolhidos nesta investigação sob a forma de números brutos sobre o volume total nacional e o valor das transacções de serviços de MM. Foram obtidos a partir de bases de dados electrónicas. Estes dados foram obtidos a partir das bases de dados electrónicas de uma das organizações e foram ordenados e organizados utilizando o Microsoft Excel.

3.5 DESAFIOS DO ESTUDO

O principal desafio da realização deste estudo foi: Os Sistemas ou Serviços de Pagamento Móvel (MPS), mais precisamente, o Dinheiro Móvel (MM) é um 'Produto' relativamente novo no mercado zambiano. Como tal, as empresas e organizações não estão dispostas a dar informações completas sobre novos "produtos" devido à concorrência e a outras razões comerciais. Além disso, neste caso, a informação sobre a empresa e o produto foi considerada confidencial porque a MPS não se desenvolveu ao nível esperado quando foi lançada pela primeira vez em 2002 pela Celpay Zambia Ltd. Além disso, as pessoas que detêm as informações (peritos no domínio) tendem a estar bastante ocupadas com as operações quotidianas das empresas, pelo que não estavam prontamente disponíveis ou dispostas a desviar-se dos seus horários diários e atarefados.

CAPÍTULO QUATRO: ANÁLISE DOS DADOS

4.0 INTRODUÇÃO

O principal tipo de informação recolhida neste estudo foi qualitativa. Esta informação foi recolhida principalmente junto dos peritos do domínio sob a forma de discussões, conversas semi-formais e pequenas apresentações. Os dados textuais foram recolhidos de alguns materiais da empresa, tais como brochuras de produtos, perfis da empresa e folhetos, bem como artigos de jornal e anúncios. O principal método utilizado na análise dos dados foi a análise de conteúdo. Para efeitos da análise de dados, foi utilizado o código DE para representar os peritos do domínio.

4.1 DEFINIÇÃO DE DINHEIRO MÓVEL (MM)

O ponto de partida foi descobrir o que vem à mente dos inquiridos quando se fala de dinheiro móvel. Assim, a definição de Mobile Money foi a primeira área a ser abordada durante a(s) entrevista(s).

Tabela 4.0: Definição de dinheiro móvel (MM)

	RESPONSE	KEY WORDS AND TERMS
DE.1	Value added service offered by MNOs that enables money transfer, bill payments and tops ups	**MNOs, Money Transfers & Bill Payments**
DE.2	A service that enables customers to load money on their Mobile Wallets using the mobile money provider, with which they can pay for goods and services and can cash out funds from their mobile device	**Mobile Wallets**
DE.3	Is a product that enables customers to send money to others using mobile telephone infrastructure	**Remittances**
DE.4	Use of Mobile Phones to transact using virtue money which can be converted back into hard cash	**Transactions**
DE.5	An alternative method of payment to cash, cheques and cards which rides on mobile telephone technology	**Alternative Method of Payment & Mobile Telephone Technology**
DE.6	Service that allows use of cellular phones to deposit and withdraw money into a mobile virtue account, can make money transfers and make payments for things like water, electricity and DsTV	**Virtue Account on the Mobile Phone**

Com base nas respostas anteriores, a MM pode ser descrita como a prestação de um serviço baseado na tecnologia de telefonia móvel (MTT) que permite a criação de carteiras móveis ou contas Virtue Mobile, a partir das quais os utilizadores podem depositar e levantar dinheiro, fazer transferências de dinheiro e efetuar pagamentos de bens e serviços.

4.2 PRINCIPAIS UTILIZAÇÕES E APLICAÇÕES DO MM NA ZÂMBIA

Tendo descrito e definido o Mobile Money, era importante identificar os principais fornecedores de serviços de MM e as utilizações comuns dos serviços de MM na Zâmbia, como se mostra a seguir.

Tabela 4.1: Utilizações de MM por marca

BRAND/PROVIDER	USES	KEY WORDS
Airtel Money	Buy to up and transfer to up to others (family and friends),send/receive money, pay for utility bills (TV subscription, water and electricity),pay salaries , pay for post newspaper adverts	Person to Person (P2P),Person to Business(P2B), Business to Person (B2P)
MTN Mobile Money	Pay personal levies, buy Air time and transfer money, Bulk payments, Utility Bills	Person to Government (P2G), P2P, P2B and B2P
Zoona Mobile Money	Pay farmers for their supplies, send/receive money from family and friends, micro-finance payments, government disbursement of subsides and social welfare payments, donor aid distribution	Government to Person (G2P), P2P,B2P
Celpay Mobile Solutions	Settle household utility bills, Payment by SMEs to Suppliers, Money transfers	P2P, P2B

Existem muitas e diferentes utilizações da MM e, à medida que o serviço avança de uma fase para outra, as utilizações aumentam. No entanto, pode concluir-se razoavelmente que as utilizações da MM podem ser classificadas da seguinte forma:

1) Transacções *pessoa a pessoa* (P2P), como enviar e receber dinheiro de amigos e familiares e comprar tempo de antena, que também pode ser transferido ou partilhado com familiares e amigos.

2) Transacções *entre pessoas e empresas* (P2P), tais como a liquidação de facturas de serviços públicos, o pagamento de anúncios em jornais e os pagamentos efectuados pelas PME pelos seus fornecimentos.

3) Transacções *entre empresas e pessoas* (B2P), como o pagamento aos agricultores pelos seus fornecimentos e o pagamento de microfinanciamento aos clientes. Nesta categoria podem também ser incluídas a distribuição de ajuda aos pobres e o pagamento de salários (pagamentos em massa) aos empregados.

4) Transacções *entre pessoas e o governo* (P2G), que envolvem principalmente o pagamento de impostos pessoais ao governo.

5) As transacções *entre administrações públicas e pessoas* (G2P) referem-se ao pagamento de subsídios e pagamentos de assistência social a indivíduos.

Para além de categorizar as utilizações do MM, foi necessário identificar as utilizações mais populares. A partir das respostas dos peritos do domínio, foi estabelecido que as remessas, também conhecidas como transferências de dinheiro e pagamentos de facturas, são as utilizações mais comuns do Mobile Money. Abaixo estão os gráficos que mostram o crescimento das duas utilizações nos últimos dois anos.

Figura 4.0: MM - Pagamentos de facturas na Zâmbia (2012)

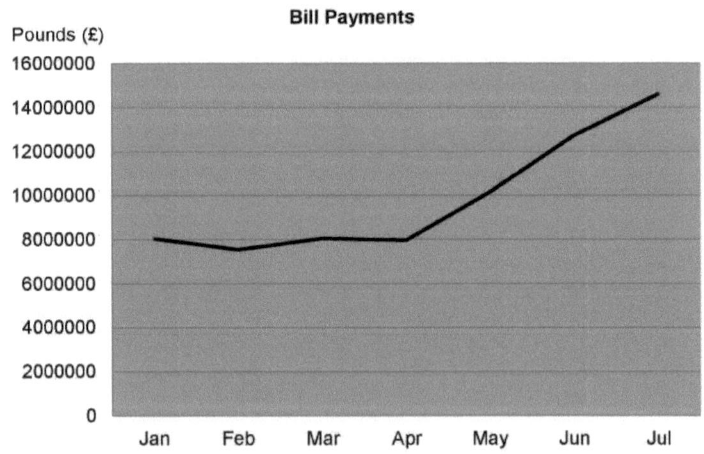

Fonte: Adaptado de Bank of Zambia (2012)

Nota: Os esforços para registar o volume e o valor das utilizações de MM só foram feitos em 2011.

Figura 4.1: MM - Transferências de dinheiro na Zâmbia (2011 e 2012)

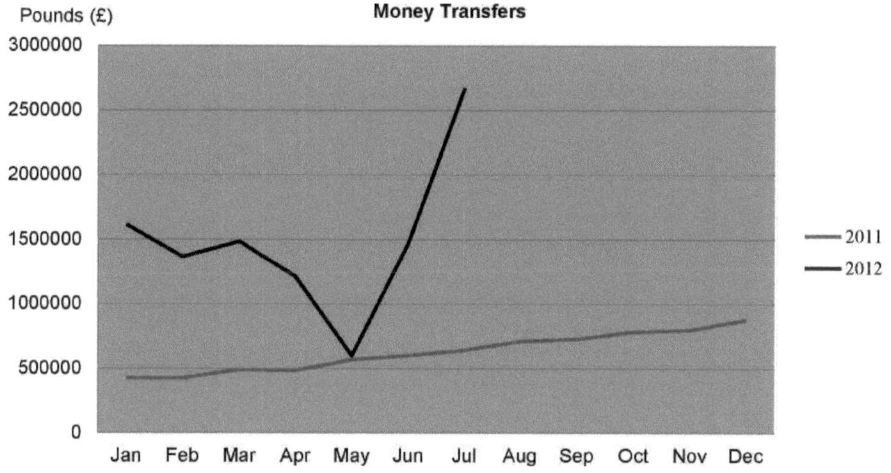

Fonte: Adaptado de Bank of Zambia (2012)

4.3 FORNECEDORES DE SERVIÇOS MM NA ZÂMBIA

Durante o processo de investigação, surgiu a necessidade de distinguir entre os serviços de MM oferecidos pelas filiais dos operadores móveis e pelos operadores não móveis. Embora tanto as subsidiárias dos operadores móveis como os operadores não móveis tenham como alvo a população não bancarizada, estes últimos não exigem que os utilizadores se registem junto deles ou abram uma conta virtual. No entanto, ambas dependem da rede móvel e da tecnologia telefónica para prestar o serviço ao utilizador final e é emitido um PIN, independentemente dos fornecedores. Em suma, os serviços de MM fornecidos pelos operadores de redes móveis podem ser utilizados para várias transacções. Isto deve-se ao facto de os subsidiários dos operadores de redes móveis utilizarem frequentemente um modelo comercial misto, ao passo que os operadores de redes não móveis utilizam sobretudo um modelo fixo, com ênfase nos serviços de MM para remessas ou transferências de dinheiro.

Tabela 4.2: Prestadores de serviços MM

PROVIDER	DESCRIPTION OF HOW IT WORKS	KEY WORDS AND TERMS
MNOs Subsidiaries; ZMP Ltd & MTN Mobile Money Ltd	The subscriber opts to register for Mobile Money. A virtue mobile account on his phone is created. He deposits some money into this virtue account. Using this virtue money he can buy airtime, transfer money to others, can pay bills. The subscriber can also receive money into this account and can withdraw from it. (Secret PIN is used)	**Registration, PIN and Mobile Telephone technology**
Non-MNOs; Mobile Transactions (Zoona) Ltd & Celpay Ltd	The user needs to simply present the hard cash to the agent who then converts it to virtue money and transfers it to the specific recipient and a secret PIN is issued.	**Non Registration, PIN, Virtue Money**

4.4 MOBILE MONEY (MM) E MOBILE BANKING (MB)

Outra distinção importante que foi identificada e feita pelos inquiridos é a do MB e do MM. Isto surgiu devido às semelhanças entre o que os utilizadores podem fazer com o Mobile Money e o Mobile Banking. Com ambos, os utilizadores podem fazer transferências de dinheiro, pagar contas de serviços públicos e utilizar a rede móvel e a tecnologia telefónica. Os inquiridos deixaram claro que o MB, ao contrário do MM, exige que o utilizador tenha uma conta no sistema bancário convencional. Isto restringe o mercado alvo àqueles que estão dentro do segmento de inclusão financeira. No entanto, a Banca Móvel entra nos segmentos sem conta bancária apenas quando os utilizadores da Banca Móvel enviam dinheiro para aqueles que têm telemóveis mas não têm conta bancária. Enquanto o Mobile Money não requer uma conta bancária convencional. Além disso, o domínio espera que o crescimento e o sucesso do Mobile Money acabem por ter efeitos colaterais na Banca Móvel, sobretudo para os pequenos comerciantes, agricultores e PMEs em geral.

Tabela 4.3: Diferenças entre MM e MB

RESPONDENT	DIFFERENCES	KEY WORDS AND TERMS
DE.1	*MB requires bank account MM does not. Both use mobile hand set. Can do money transfers, airtime, bill payments*	**Bank Account, Mobile Handset**
DE.2	*MM targets the poor who are unbanked. MB adds value to the services of their clients who are banked*	**Targeting, Value added service**
DE.3	*MB is branchless banking, banks provide services to account holders through the medium of mobile phone*	**Branchless banking, Mobile Phone**
DE.4	*MB allows customers to pay bills, transfer money, buy airtime like MM but with MB a bank account is needed*	**Similar application**
DE.5	*MB is limited to bank account holders while MM is not limited to subscribers of the same network*	**Restriction**
DE.6	*Both rely on mobile network , can do the same things but MM does not require bank account and has wider coverage than MB*	**Customer reach, Mobile network**

4.5 PARTICIPANTES NO ECOSSISTEMA MM NA ZÂMBIA

O dinheiro móvel, pela sua natureza, reúne interesses, activos, capacidades e conhecimentos de diferentes empresas e instituições, o que implica que existem várias partes no sistema que podem afetar ou ser afectadas pelo dinheiro móvel. Estas partes interessadas formam o ecossistema do dinheiro móvel e são identificadas a partir das respostas fornecidas na tabela 4.4. As partes interessadas do MM na Zâmbia são Subsidiárias dos operadores móveis; ZMP Ltd e MTN Mobile Money Ltd, Celpay Zambia Ltd, Mobile Transations Zambia Ltd (Zoona), instituições financeiras como bancos (superagentes) e empresas de microfinanciamento, rede de agentes, o Banco Central da Zâmbia (BOZ), as autoridades das telecomunicações e da concorrência.

Tabela 4.4: Participantes no Ecossistema MM na Zâmbia

RESPONDENT	DESCRIPTION AND ROLES	KEY WORDS AND TERMS
DE.1	*Providers of Mobile Network, Distributors of airtime, firms that have specialised in mobile transactions platforms, institutions that make rules*	**MNOs Subsidiaries, Agents, Regulators, 3rd party platform providers**
DE.2	*Banks hold money and have expertise on float management, Network providers have large customer base and wide coverage, institutions need to regulate the industry*	**Banks, MNOs Subsidiaries, Regulators**
DE.3	*Governments effort towards banking the poor, Service providers need to be willing to accept payments, Customers need to adopt the system, Service points are needed*	**Government, Merchants, Customers**
DE.4	*Need to create a fair competing ground, Banks, Network Operators, Micro-finance institutions, donors, big organisations that have the interest of the poor at heart like USAID and Vision Fund.*	**Regulators, Banks, MNOs, Donor Community**
DE.5	*The Bank of Zambia, ZICTA, ZCC, MNOs, Banks and Micro-finance institutions, Zesco, Multi-choice, sewerage companies etc*	**Central Bank, Competition & Telecommunications Authorities, Service providers, Financial Institutions**
DE.6	*Those who bring expertise and assets into the provision of MM like Banks and MNOs. Those who can affect its delivery like agents and regulators. And those who need to adopt it, merchants and customers*	**Banks, MNOs, Central Banks, Merchants, Customers, Agents (Expertise, Assets, Capabilities,**

4.6 DESAFIOS ACTUAIS DA MM

A indústria do dinheiro móvel na Zâmbia está na sua fase inicial. O sistema enfrenta atualmente diferentes desafios, mas isto não quer dizer que o serviço esteja a falhar no mercado. Apesar do crescimento explosivo do Dinheiro Móvel que se verificou nos últimos dois anos, durante os quais as subsidiárias dos operadores móveis aderiram à indústria do Dinheiro Móvel, existem alguns desafios que estão a ser enfrentados.

Quadro 4.5: Desafios da MM na Zâmbia

RESPONDENT	CHALLENGES	KEY WORDS AND TERMS
DE.1	MM requires a change in behavioural patterns of people. Customers are sceptical about the system. Lack of customer education and its uses. Heavy competition. Customer needs are diverse and dynamic	**Scepticism, Customer awareness, Business competition, Customer needs**
DE.2	Security of the system is in the hands of the customer secret PIN which is not enough, people are ignorant about the system, needs large customer base to be viable	**Security (PIN),Ignorance and mass market**
DE.3	Set up costs of subsidiary firm, training of agents in float management, managing agents, limit on the amount per transaction, customer ignorance, customer trust, handling queries	**Start-up costs, Float Management, Agent management and support, Customer Service, Customer education**
DE.4	Regulations and policies are not yet established, minimum amount per transaction, dealing with customers with little education, customer ignorance about keeping their PIN secret, Agent knowledge of proper float management, front line staff and training call centre for customer queries	**Regulations and policies, Fraud and money laundering, Security, float management, training**
DE.5	Few merchants accept payment by phone, technical competence of rural agents, customer sceptics and perception, lack of customers understanding that PIN is secret, competition, changing needs of customers.	**Customer and Merchant adoption, Competence, Demand, literacy**
DE.6	Training Agents, Branding, management of balance between hard cash and virtue cash, lack of established regulations, customer quires and complaint, luck of trust by customers	**Costs, float management, Draft policies, Customer Service**

Os desafios que se colocam são a falta de regulamentação e de políticas estabelecidas para reger a MM, os custos adicionais de arranque, especialmente no caso das filiais de operadores móveis. A gestão do float pelos agentes e a adoção pelos comerciantes e consumidores. A forte concorrência, os desafios da sensibilização dos clientes, agravados pelos níveis de analfabetismo, entre outros, são os desafios na Zâmbia.

CAPÍTULO CINCO: RESULTADOS DA INVESTIGAÇÃO

5.0 A HISTÓRIA DAS MPS NA ZÂMBIA

O sistema de pagamento móvel (MPS) na Zâmbia foi lançado pela primeira vez em 2002 pela Celpay Zambia Ltd. Tratou-se de uma resposta à necessidade de algumas empresas, como a Zambian Breweries, de reduzir os riscos, os atrasos e os custos associados à cobrança dos pagamentos dos seus agentes de vendas (pontos de venda e depósitos) aquando da entrega. Por exemplo, os motoristas das cervejeiras da Zâmbia tinham de conduzir grandes camiões carregados com caixas de cerveja para entregar a diferentes agentes que estavam localizados em diferentes áreas, especialmente nas zonas rurais. O acordo era que os agentes pagariam ao motorista pelo stock aquando da entrega. Isto significava que os motoristas tinham de transportar grandes quantidades de dinheiro vivo para os diferentes destinos. Após uma viagem de entrega de 3 a 5 dias, regressavam com o dinheiro à Zambian Breweries e entregavam-no ao Departamento de Contabilidade, que era responsável por depositar o dinheiro no banco. Todo este processo era arriscado, dispendioso e implicava atrasos. Para esse efeito, a Celpay Zambia Ltd ofereceu uma solução de pagamento para essas empresas e lançou o primeiro sistema de pagamento móvel (MPS), que se baseava na tecnologia dos telemóveis (MPT), mas este sistema não se espalhou por todo o país porque o número de empresas que necessitavam deste tipo de solução de pagamento não era muito elevado. Além disso, a base de clientes não era suficientemente grande, estando a maioria dos clientes localizados ao longo da linha de caminho de ferro entre as províncias de Copperbelt e Lusaka.

Em 2009, a Mobile Transactions Zambia Limited (Zoona), utilizando um modelo diferente, lançou os seus próprios serviços de transferências móveis. Ao contrário do Celpay Zambia, o Mobile Transactions tinha como objetivo satisfazer a necessidade de remessas (transferências de dinheiro), especialmente para aqueles que estão excluídos do sistema financeiro. Na sequência do Mobile Transactions e aprendendo com o conceito do M-Pesa. As MPS ressurgiram no mercado zambiano com as subsidiárias das MNOs a liderarem a tendência, lançando as suas próprias marcas de MM: Airtel Money e MTN Mobile Money em 2011 e 2012, respetivamente. Embora a M-Pesa seja a principal marca de MM em África, lançada em 2007, isto foi cerca de 6 anos depois de a Celpay ter lançado MPS na Zâmbia. No entanto, existem diferenças nas taxas de sucesso da M-Pesa e das marcas de MM encontradas na Zâmbia. Estas diferenças nas taxas de sucesso das implantações de MM no Quénia e na Zâmbia podem estar associadas a circunstâncias ou caraterísticas do mercado. As diferenças notáveis entre estas implantações são:

1) Ao contrário da Celpay, a M-Pesa visava as pessoas singulares que necessitavam de efetuar remessas ou transacções pessoa a pessoa (P2P). Enquanto a Celpay Zambia Ltd visava os clientes empresariais ou os pagamentos de pessoa a empresa (P2B),

2) Ao visar os indivíduos, foi fácil para a M-Pesa servir outras necessidades do utilizador final. Isto inclui o pagamento de facturas, recargas e o acesso ao segmento de mercado que estava excluído do sistema bancário. Por outro lado, o Celpay não só tinha uma base de clientes limitada (clientes empresariais), como também se dirigia a um segmento de mercado que já utilizava o sistema bancário convencional, e

3) Os mercados em que estes sistemas foram implantados são diferentes, especialmente no que respeita à geografia dos países. No Quénia, a maior parte do país interage frequentemente com a capital, Nairobi, uma vez que as distâncias entre as cidades são mais curtas. Consequentemente, existe um valor razoável de transacções comerciais (comércio) entre as zonas urbanas e rurais, o que não é o caso na Zâmbia. Na Zâmbia, a interação comercial urbano-rural é menor devido às longas distâncias entre as zonas urbanas e rurais.

Por conseguinte, pode concluir-se razoavelmente que a medida em que as implantações de MM podem ser bem sucedidas num determinado mercado depende das circunstâncias ou especificidades do mercado. Estas podem incluir: segmentos e dimensão do mercado, necessidades dos clientes, estilos de vida, cultura, comércio e, eventualmente, a geografia do país.

5.1 SERVIÇOS MM NA ZÂMBIA

As filiais dos operadores móveis lançaram inicialmente o MM como um meio para facilitar as remessas de pessoa a pessoa (P2P) para os seus assinantes, bem como para permitir que estes recarregassem o tempo de antena sem se deslocarem fisicamente a um agente de vendas ou a um centro de serviços. Num curto espaço de tempo, percebeu-se que muito poderia ser feito com este sistema. Mais importante ainda, surgiram as possibilidades de um sistema de pagamento. Daí a expansão dos serviços de MM para incluir o pagamento de facturas de água, eletricidade e assinatura de televisão. Para além das subsidiárias dos operadores móveis, existem outras empresas, a Celpay e a Mobile Transactions, que oferecem serviços de MM centrados na transferência de dinheiro. Embora as transferências de dinheiro (remessas) continuem a ser a utilização mais comum da MM, seguidas dos pagamentos de facturas e dos carregamentos, surgiram outras utilizações:

1) **Business to Person (B2P)**, como o pagamento de agricultores pela Food

Reserve Agency (FRA), instituições de microfinanciamento a clientes, ONG e instituições de beneficência a particulares,

2) **Person to Government (P2G)**, que permite aos particulares pagar impostos ao governo da Zâmbia,

3) O pagamento **do governo para a pessoa (G2P)** permite que o governo pague subsídios e pagamentos de assistência social a indivíduos, e

4) E **os pagamentos em massa**, que se destinam principalmente ao pagamento dos salários dos trabalhadores com baixos rendimentos das empresas que têm trabalhadores nas zonas rurais que não têm contas bancárias.

O sentimento geral entre os profissionais e peritos do sector é que a MM tem potencial para várias outras utilizações que continuarão a surgir com o tempo. Uma utilização ou aplicação notável da MM que surgiu recentemente na Zâmbia é a utilização da MM pelos utilizadores finais para pagar os anúncios "Sangwapo" no jornal Post. Por conseguinte, não é surpreendente que os profissionais e os peritos do sector estejam optimistas quanto ao efeito que a MM terá no sistema bancário convencional. Isto acabará por ter um impacto no sistema nacional de pagamentos em geral, o que é positivo para o desenvolvimento económico da Zâmbia. É evidente que há cada vez mais parcerias e corporações entre as filiais dos operadores móveis e bancos como o Eco Bank e o First National Banks, bem como o governo, através dos Ministérios das Finanças e do Comércio, com o objetivo de acelerar o desenvolvimento da MM na Zâmbia. Tendo estabelecido as utilizações comuns dos serviços de MM, é igualmente importante mencionar as categorias de prestadores de serviços de MM. Há duas categorias principais de fornecedores de MM que foram identificadas nesta investigação. Estas categorias de prestadores de serviços de MM utilizam modelos de negócio de MM distintos uns dos outros. Além disso, os bancos também estão a aderir à "corrida da MM", por exemplo, o EcoBank Zambia Ltd estabeleceu uma parceria com a Airtel para fornecer serviços de MM aos seus clientes. Outros bancos, como o FNB, também têm produtos semelhantes, como a carteira eletrónica. Por conseguinte, é importante identificar e reconhecer as diferentes categorias de prestadores de serviços de MM, que podem ter implicações importantes tanto para os profissionais do sector como para os académicos num futuro próximo.

5.2   O ECOSSISTEMA MM NA ZÂMBIA

A chave para este estudo é a identificação dos intervenientes e participantes no sector do MM. Nomeadamente, há uma série de organizações, instituições e empresas que têm um interesse na prestação de serviços de Mobile Money (MM) na Zâmbia. O sucesso do MM depende, portanto, da colaboração destes intervenientes, também conhecidos como participantes: Subsidiárias de MNOs; Não-MNOs como a Celpay e a Mobile Transactions Zambia Ltd (Zoona); Bancos e o Banco Central da Zâmbia (BOZ); Autoridade de Informação e Telecomunicações da Zâmbia (ZICTA); Rede de Agentes; Comissão de Concorrência da Zâmbia (ZCC); O Governo; Fornecedores terceiros da plataforma de transacções móveis; Comerciantes, Fornecedores de Serviços (Zesco, Multichoice) e os utilizadores finais (clientes). Estes participantes podem ser agrupados e categorizados como se mostra na figura 5.0.

Figura 5.0: O Ecossistema MM na Zâmbia

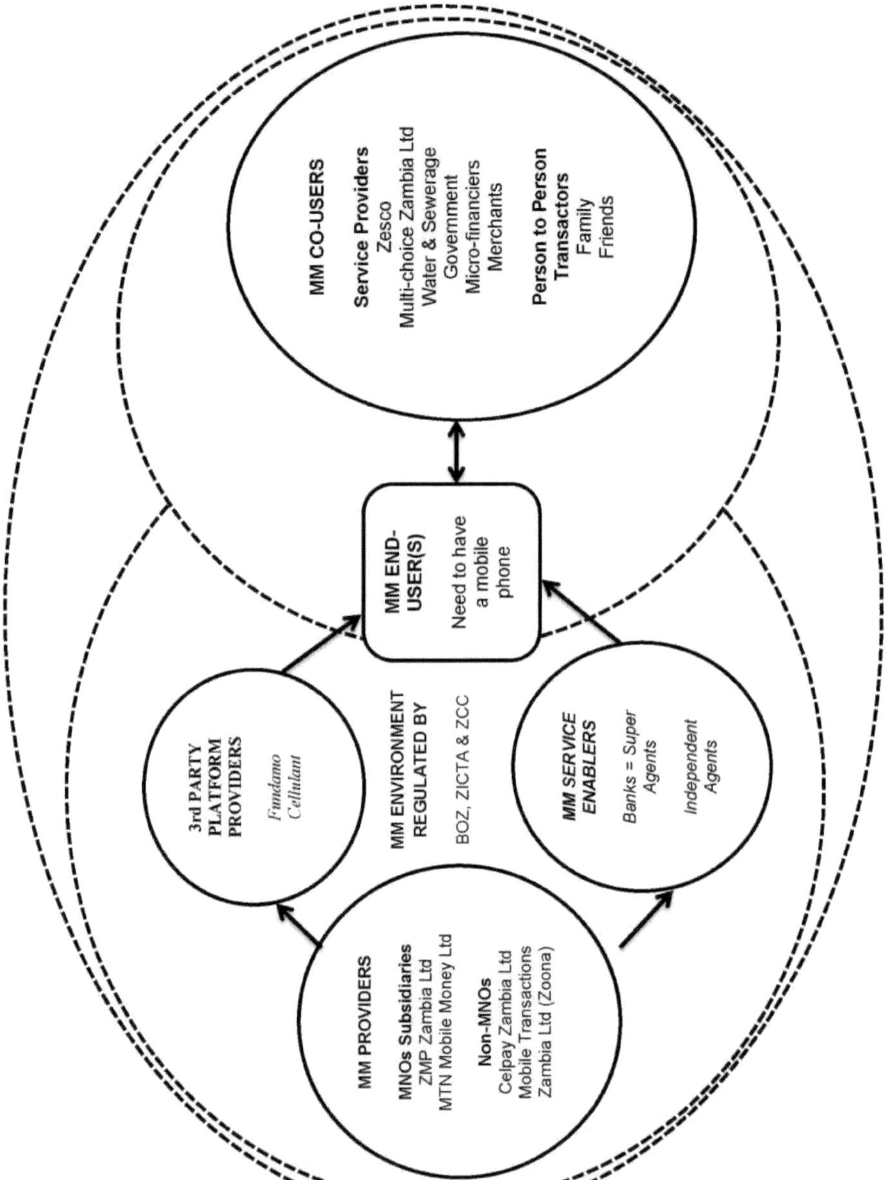

São muitos os participantes que estão envolvidos na prestação de serviços e na execução da GM. No entanto, estes participantes desempenham papéis diferentes mas importantes, mesmo que o peso da sua contribuição para tornar a MM possível não seja igual. Por exemplo, a contribuição das filiais dos operadores de redes móveis e dos bancos não pode ser comparada com a dos agentes, devido à diferença de activos e capacidades com que contribuem. Outros afectam diretamente a prestação de serviços de MM, como os bancos, os agentes e os operadores de redes móveis, e outros indiretamente, como o governo e as entidades reguladoras. Por conseguinte, este facto exige elevados níveis de colaboração e parceria entre os participantes. É necessário que se liguem em rede numa teia complexa, conhecida como ecossistema. Por exemplo, os fornecedores de serviços de MM desenvolvem e promovem os serviços de MM que dependem da infraestrutura da rede móvel. No entanto, para não se desviarem completamente da sua linha de atividade habitual, estes fornecedores de MM contratam empresas que se dedicam exclusivamente à prestação de serviços de MM. Estes fornecedores de MM contratam empresas que são exclusivamente especializadas no fornecimento de plataformas de transacções móveis. Simultaneamente, recorrem a bancos, também conhecidos como super agentes para a gestão de float e agentes independentes para prestar o serviço ao(s) utilizador(es) final(is). Estes Agentes Independentes são propriedade de indivíduos que investem em "pequenos centros de serviço" nos quais os utilizadores finais da MM se podem dirigir para levantar (depositar) e levantar (levantar) dinheiro das suas carteiras móveis. Estes agentes estão espalhados por todo o país e a responsabilidade dos fornecedores da MM é apoiá-los com: materiais de marca, gestão de float e formação em serviço ao cliente e como gerir os "centros de serviço". Os Co-utilizadores MM são as pessoas e organizações a quem o Utilizador Final MM paga ou envia dinheiro, bem como de quem o Utilizador Final recebe dinheiro ou pagamentos. Por exemplo, o utilizador final da MM pode liquidar a sua conta de serviços públicos e pagar impostos ao governo, mas também pode receber o seu salário ou receber dinheiro de amigos e familiares, e vice-versa. Trata-se, portanto, de uma interação bidirecional entre o utilizador final e os clientes, como mostra a figura 5.0.

O sector dos serviços de MM requer um ambiente propício ao seu funcionamento devido ao número de participantes envolvidos. Para o efeito, o Banco Central da Zâmbia (BOZ), a Autoridade de Informação e Telecomunicações da Zâmbia (ZICTA) e a Comissão de Concorrência da Zâmbia (ZCC) regulam o sector. Pela sua natureza, a MM reúne dois sectores distintos: o sector bancário ou financeiro e o sector dos serviços de redes móveis. Isto significa que as autoridades financeiras e de telecomunicações do país têm de trabalhar em conjunto para criar um ambiente propício ao êxito deste serviço. Por conseguinte, para evitar conflitos na regulamentação, foi estabelecido e assinado um Memorando de Entendimento (MOU) entre as autoridades reguladoras. Além disso, o Banco da Zâmbia (BOZ) exige que todos os operadores de redes móveis que desejem oferecer serviços de dinheiro móvel constituam uma filial. Em seguida, o BOZ emite uma licença para o serviço de moeda móvel a esta filial e não ao operador móvel. Por exemplo, a Airtel Zambia constituiu a ZMP Ltd e a MTN Zambia Ltd constituiu a MTN Mobile Money Ltd. A criação de empresas subsidiárias com o objetivo de oferecer MM ajuda a estabelecer um sector de serviços de MM bem definido. Este sector será constituído por empresas que operam no sector financeiro. Estes esforços foram recebidos de forma positiva pela maioria dos profissionais do sector e das empresas, que aguardam com expetativa a adoção de novos regulamentos que regerão o ecossistema deste sector.

Em conclusão, a indústria de MM na Zâmbia ainda está a dar os primeiros passos e continua a crescer. As autoridades responsáveis terão de criar mais regulamentação à medida que o sector cresce, com o objetivo de beneficiar e proteger todos os participantes no ecossistema. No entanto, continuará a existir uma diferença entre os serviços de MM oferecidos pelas filiais dos operadores móveis e os de empresas independentes como a Celpay e a Mobile Transactions (Zoona) Ltd. Uma das diferenças é que estas últimas não exigem que os clientes se registem na MM e não visam os assinantes, enquanto as primeiras visam os assinantes de serviços móveis. Por conseguinte, o modelo sugerido na figura 5.0 tenta descrever a complexidade do sector da MM na Zâmbia. O princípio de que todos os intervenientes estão ligados entre si no sector, sem o qual a MM não pode existir, também está refletido no modelo. Por último, o modelo foi desenvolvido na fase inicial do sector da MM na Zâmbia. Consequentemente, espera-se que haja mudanças no sector à medida que este se desenvolve e evolui, pelo que o modelo mostra que o ecossistema está num estado de fluxo.

5.3 DESAFIOS

A situação atual do mercado é a seguinte: a indústria de MM na Zâmbia está na sua fase inicial, com as filiais dos operadores móveis a assumirem a liderança. Assim, os desafios são inevitáveis e, à medida que alguns são ultrapassados, outros vão surgindo à medida que o sector passa de uma fase para outra. Alguns dos desafios notáveis que esta indústria enfrenta atualmente são

1) **Regulamentos e requisitos***:* O Banco da Zâmbia ainda está a
   Formulação de políticas e regulamentos para o sector. A política global ainda não está disponível, uma vez que ainda está a ser redigida e as diferentes partes interessadas ainda estão a ser consultadas.
2) **Limite por transação:** Atualmente, o montante de dinheiro que pode ser

remetido por transação está limitado a K10 milhões (£1250), que foi recentemente aumentado de K5 milhões (£625). Este limite ainda é baixo devido à necessidade de alguns clientes remeterem grandes quantias, especialmente aqueles que pretendem utilizar o serviço de pagamento em massa do Mobile Money para coisas como o pagamento de salários. Por outro lado, o objetivo é proteger contra a fraude e o branqueamento de capitais. Esta questão ainda não foi resolvida, uma vez que está a limitar a capacidade do Mobile Money.

3) **Gestão de float pelos agentes**: A gestão adequada do float é um dos factores-chave que conduzem a uma distribuição eficiente e eficaz do Mobile Money. O problema é que os agentes, especialmente os das zonas rurais, com pouca formação, gerem mal o seu float, especialmente na fase inicial. É necessário educar constantemente os agentes sobre a forma como podem gerir o seu float, o que pode ser melhorado se compreenderem os seus próprios clientes. Os agentes rurais precisam de mais dinheiro vivo do que dinheiro eletrónico, porque os levantamentos nas zonas rurais são mais elevados do que os depósitos, o que é o oposto dos agentes urbanos.

4) **Consciencialização e segurança do cliente:** A segurança do Mobile Money está nas mãos dos clientes que precisam de manter os seus PINs secretos. Uma grande percentagem dos utilizadores de Mobile Money pertence a zonas pobres e rurais. O analfabetismo e a ignorância levam-nos a revelar os seus PIN a amigos, familiares e até aos agentes. Por conseguinte, os agentes e os fornecedores de dinheiro móvel têm de investir mais e fazer esforços adicionais para tentar educar e sensibilizar os clientes para a importância de manterem os seus PINs secretos.

CAPÍTULO SEIS: DEBATE

6.0 INTRODUÇÃO

O impacto na economia, os benefícios e a rendibilidade do investimento de muitas novas tecnologias dependem do seu potencial para estimular o desenvolvimento de novos produtos e serviços. No entanto, o grau do seu impacto é influenciado pela medida em que a nova tecnologia se difunde e chega ao consumidor comum. Os telemóveis são, evidentemente, uma tecnologia que pode ser acedida e usufruída pelo consumidor comum. Provavelmente, a ideia de que os telemóveis se enquadram bem no estilo de vida das pessoas e de que a sua posse é generalizada resultou no facto de a tecnologia dos telemóveis ser uma das tecnologias mais populares e em constante evolução no mundo (EPSRC, 2006). Por exemplo, a inclusão financeira, especialmente nos mercados emergentes, tem sido um desafio. Consequentemente, os telemóveis estão agora a ser utilizados como um canal para a prestação de serviços financeiros a quem está fora do sistema financeiro. Neste estudo, é evidente que os consumidores zambianos comuns estão a beneficiar da tecnologia dos telemóveis. Isto deve-se ao facto de as subsidiárias de MNOs, bancos e outras empresas como a Mobile Transactions Zambia Ltd (Zoona) e a Celpay terem alargado a sua oferta de serviços de SMS e chamadas de voz para serviços financeiros. De acordo com profissionais, organizações e investigadores (UNCTAD, 2012; Ndiwalana et al, 2010; Boer e de Boer, 2009); os telemóveis representam uma oportunidade de negócio para as empresas chegarem ao segmento não bancarizado. Assim, as subsidiárias das ORM na Zâmbia promoveram agressivamente as suas marcas de MM nos últimos 18 meses e o valor das transacções de MM por mês no mercado está a crescer a um ritmo explosivo.

6.1 OS MODELOS

A natureza da MM é tal que atrai a atenção de diferentes organizações e indústrias devido à sua complexa cadeia de valor (Davison, 2012) e ecossistema (USAID, 2012). Estas teorias; cadeia de valor e ecossistema coexistem na indústria emergente de MM na Zâmbia. Evidentemente, existem diferentes participantes e partes interessadas cujo contributo e colaboração são fundamentais para o sucesso e a sustentabilidade desta indústria emergente. Consequentemente, ao descrever a natureza e a complexidade da indústria de MM na Zâmbia, de uma forma mais visível e clara. O Modelo do Ecossistema MM foi desenvolvido neste estudo. O modelo foi desenvolvido utilizando: A Teoria do Ecossistema, que se baseia na Teoria das Redes; a Teoria da Cadeia de Valor Integrada e os dados recolhidos junto dos Peritos no domínio. Além disso, para efeitos de gestão destes participantes no

Ecossistema MM, foi proposto um segundo modelo. O modelo proposto é uma ferramenta de gestão simples baseada na teoria das partes interessadas, mais concretamente no quadro de Mendelow. Este quadro utiliza o poder e o interesse como variáveis para categorizar e gerir as partes interessadas. Do mesmo modo, o quadro proposto toma de empréstimo e aplica o princípio incorporado no quadro de Mendelow. O quadro proposto considera o interesse e os activos/capacidades/competências como as variáveis para categorizar e gerir os respectivos participantes no ecossistema de gestão da qualidade.

Quadro Mendelow

Categoria de intervenientes = Poder **X** Interesse

Quadro proposto

Peso do Participante = Interesse X Recursos
(Activos/Capacidades/Competências)

6.2 IMPLICAÇÕES DO ESTUDO

Este estudo tem implicações para os Gestores ou Profissionais e para os Académicos. Em primeiro lugar, o Ecossistema da GM é composto por diferentes actores que contribuem com os respectivos activos, capacidades e competências para a prestação e fornecimento de serviços de GM na Zâmbia. Por conseguinte, é importante que os Gestores e Profissionais identifiquem estes respectivos participantes e a sua contribuição se quiserem competir e gerir eficazmente o Ecossistema no qual a MM opera. Isto pode ser assustador para muitos gestores devido ao tempo limitado. Talvez seja aqui que o quadro de gestão proposto neste estudo seja útil.

Em segundo lugar, as utilizações da MM entre os consumidores zambianos são muitas e continuam a aumentar. No entanto, podem ser classificadas em termos gerais como: P2P; B2P; P2B; G2P e P2G. No entanto, as utilizações dentro destas grandes categorias são muitas e continuarão a evoluir porque nunca haverá um limite para a gama de serviços e transacções para os quais a MM pode ser utilizada (Jenkins, 2008). Por conseguinte, cabe aos gestores identificar estas utilizações à medida que vão surgindo e explorá-las de forma rentável, realizando constantemente estudos de mercado à medida que o sector se desenvolve. Em terceiro lugar, os gestores precisam de compreender o respetivo modelo de negócio de GM. Isto deve-se ao facto de os modelos de negócio da MM tenderem a variar consoante os fornecedores. Por exemplo, os modelos de negócio de MM utilizados pelas filiais dos operadores móveis são diferentes dos dos operadores não móveis e dos dos bancos.

Embora o modelo de ecossistema de MM proposto neste estudo limite os prestadores de serviços de MM às filiais de operadores móveis e aos operadores não móveis, os bancos também estão a começar a criar os seus próprios modelos de negócio de MM. Os bancos também estão a começar a criar os seus próprios serviços e marcas de MM.

Por último, a principal implicação deste estudo para os académicos e estudiosos é que existem provas suficientes que sugerem a complexidade da natureza da indústria do MM e que este é um campo emergente. Este estudo baseou-se na Teoria da Cadeia de Valor Integrada, na Teoria das Redes, na Teoria do Ecossistema, nas Teorias da Adaptação do Consumidor e na Teoria das Partes Interessadas. No entanto, existem algumas outras teorias e princípios que podem ser associados ao MM devido à sua complexidade e outros surgirão à medida que o campo se desenvolve. Assim, os académicos e estudiosos devem ser capazes de identificar, estabelecer e desenvolver prontamente teorias ou princípios que permitam que a MM se transforme num campo ou área temática bem definidos.

6.3 LIMITAÇÕES E OPORTUNIDADES DE INVESTIGAÇÃO FUTURA

Este estudo foi efectuado com recurso a técnicas qualitativas, apesar de também terem sido recolhidos alguns dados quantitativos. O estudo limitou-se a descrever e apresentar o sector da MM, com ênfase no 'lado da oferta' da MM, concentrando-se na prestação e fornecimento de serviços de MM. Por conseguinte, o "lado da procura" deste serviço continua por investigar. Assim, existe uma oportunidade nesta limitação, uma vez que oferece aos investigadores a possibilidade de continuarem esta investigação através da realização de investigação sobre o "lado da procura" da indústria da MM. Esta investigação pode ser realizada com recurso a técnicas de investigação quantitativa destinadas a abordar questões como a adoção e os atributos da MM por parte dos consumidores e dos comerciantes, entre muitos outros aspectos.

6.4 CONCLUSÃO

De um modo geral, existe uma consistência entre a revisão da literatura e o que prevalece no mercado relativamente ao Mobile Money neste estudo. Existem provas reais e práticas sobre a existência da Oportunidade de Negócio MM: Aproveitar a população sem conta bancária, tal como identificado na revisão da literatura. A teoria sugere que o MM é complexo e, de facto, é complexo, tal como refletido pela informação recolhida neste estudo junto dos especialistas no domínio. Esta informação foi utilizada para construir os modelos do Ecossistema de MM e da Gestão de Participantes. Para além disso, a literatura oferece algumas ideias sobre a estrutura de um determinado MPS. Isto verificou-se ser verdade no caso da indústria de MM na Zâmbia.

No entanto, também existem diferenças entre a literatura e a realidade em certas áreas do sector da MM, por exemplo, a regulamentação e a conformidade. Os operadores de redes móveis na Zâmbia, ao contrário do que acontece em muitos outros mercados, são obrigados pelo Banco Central a constituir uma empresa subsidiária que é então licenciada para oferecer serviços de MM. Trata-se de uma política deliberada e personalizada que permite que o sector da MM na Zâmbia seja bem distinguido, a fim de poder oferecer serviços de MM. Trata-se de uma política deliberada e personalizada para permitir que o sector da MM na Zâmbia seja bem distinguido, a fim de o ajudar a desenvolver-se sem problemas. A outra variação notável é que os dados e informações do sector sugerem que o modelo de negócio e o mercado-alvo da MM diferem de mercado para mercado, mas a literatura não parece reconhecer este facto. Além disso, as informações recolhidas neste estudo sugerem que as diferenças na geografia do país, nos estilos de vida e na cultura influenciam a forma como os serviços de MM podem ser promovidos, fornecidos e prestados aos utilizadores finais em diferentes mercados. Este aspeto está ausente da atual literatura sobre MM. Por último, mas não menos importante, ao basear-se nas informações dos peritos do sector, este estudo identificou duas categorias de fornecedores importantes de serviços de MM (operadores de redes móveis e não operadores de redes móveis) que a literatura não identificou. Além disso, os bancos constituirão, num futuro próximo, um terceiro tipo de prestadores de serviços de MM. Isto porque alguns deles estão a tentar oferecer os seus próprios serviços de MM, como o EcoBank Zambia Ltd, enquanto outros já dispõem de serviços semelhantes, como a carteira eletrónica do FNB.

Por conseguinte, este estudo forneceu os conhecimentos necessários para compreender e descreveu adequadamente o sector da MM na Zâmbia. No entanto, continua a haver necessidade de mais investigação que possa ter por objetivo estabelecer e compreender as diferenças entre os serviços de MM oferecidos pelas filiais dos operadores móveis e pelos operadores não móveis. Este aspeto não foi identificado na maior parte da literatura sobre MM. Este estudo também tentou responder à pergunta: *Por que razão as marcas de MM na Zâmbia não são tão populares como a M-Pesa do Quénia?* Ou seja, embora a MPS na Zâmbia tenha sido lançada em 2002, uma das primeiras em África, não se desenvolveu tanto quanto possível devido ao modelo de negócio adotado e também devido às caraterísticas do mercado. É exatamente o contrário da M-Pesa, que foi lançada em 2007 no Quénia. Assim, as marcas MM da Zâmbia são "novas" e "emergentes" no sentido de que foram retiradas lições do seu lançamento inicial e também de outras implantações bem sucedidas como a M-Pesa.

REFERÊNCIAS

Airtel Zambia Ltd (2012) O que é o Airtel Money? Como é que funciona? (Em linha), disponível; htpp://www.africa.airtel.com [acedido em 19/11/12].

Ajzen, I., (1991) "The Theory of Planned Behaviour" (A Teoria do Comportamento Planeado)
Behaviour and Human Decision Process", Vol 50, pp. 179-211.

Alsajjan, B.A.e Dennis, C., (2006) "The Impact of Trust on Acceptance of Online-Banking" (O impacto da confiança na aceitação da banca em linha), *Associação Europeia de Ensino e Investigação em Distribuição Comercial,* 27-30 de junho, Universidade de Brunel, Reino Unido.

Alvarez, R., (2002) *Análise Discursiva de Requisitos e Conhecimento Elicitation Interviews,* Actas da 35th Hawaii International Conference on Systems Sciences.

Aker, J.C., e Mbiti, I.M., (2010) "Mobile Phones and Economic Development in Africa" *Journal of Economic Perspectives,* Vol 24(3), pp. 207-232.

Amin, H., (2007) "An Analysis of Mobile Credit Card Usage Intensions" (Análise das intenções de utilização de cartões de crédito móveis)
Gestão da Informação e Segurança Informática, Vol 15(4), pp. 260-269.

Amin, H., (2008) "Factors Affecting the Intentions of Customer in Malaysia to use Mobile Phone Credit Cards" *Management Research News*, Vol 31(7), pp.493-503.

Au, Y.A., e Kauffman, R.J., (2008) "The Economics of Mobile payments: Understanding Stakeholder issues from an emerging Financial Technology Application", *Journal of Electronic Commerce Research and Application*, Vol 7(2), pp. 141-164.

Bowen, H., e Goldstein, P., (2010) "The Mobile Money Revolution" *Africa Development Research Brief,* Intermedia Survey Institute, AudienceScapes.

Baker, S.E. (2012) *How Many Qualitative Interviews is enough? Expert voices and early career reflections on sampling and cases in Qualitative Research,* documento de revisão do Centro Nacional de Métodos de Investigação.

Bechhofer, S. (2006) *Knowledge Elicitation,* Universidade de Manchester.

Bell, J., e Gaza, M., (2011) *Mobile Payments 2012: My Mobile, My Carteira?* Innopay BV, Países Baixos.

Brannen, J., (2005) *Mixed Methods Research: A Discussion Paper* [em linha], disponível em: http://eprints.ncrm.ac.uk [acedido em 17/04/12].

Bryman, A., e Bell, E., (2011) *Business Research Methods,* 3 Ed, Oxford University Press.

Bryman, A., e Burgess, R.G., (2002) *Analysing Qualitative Data,* 3 Ed, Taylor & Francis eLibrary, Nova Iorque.

Burge, E.J., (2010) Knowledge Elicitation Tools [em linha], disponível; http://web.cs.wpi.edu/-jburge/thesis/kematrix.html [acedido em 22/04/12].

Burns, N e Groves, S.K. (2003) *Understanding Nursing Research,* 3rd Ed, Philadelphia PA: W.B., Saundus.

Burton, A.M., Shadbolt, N.R., Rugg, G. e Hedgecock, A.P., (1990) "The Efficacy of Knowledge Elicitation Techniques: A Comparison across Domains and Levels of Expertise" *Knowledge Acquisition,* Vol 2, pp.167178.

Boeije (2009) Research Design [em linha], disponível em: http://www.sagepub.com/upm-data/28285_02_Boeije_ch_01.pdf [acedido em 31/10/12].

Boer, R., e de Boer, T., (2009) *Mobile Payments 2010: Market Analysis and Overview,* Innopay BV, Países Baixos.

Castro, F.G, Boyd, S.J e Kopak, A., (2010) "A Methodology for Conducting Integrative Mixed Methods Research and Data Analyses" *Journal of Mixed Methods Research*, Vol 4(4), pp. 342-360.

Carr, M., (2010), Mobile Payment Systems and Services: An Introduction [em linha], disponível em: http://www.mpf.org.in/pdf/Mobile%20Payment%20Systems%20and%20Servi ces.pdf [acedido em 19/03/12].

Cederwall, G., (2012) "Mobile Financial Services Community Celebrates 10 year of banking the unbanked" *Addis Ababa Ethiopia,* 9 de maio, Celpay Newsletter.

Chester, I., (2003) *The Application of Knowledge Elicitation Techniques in the Computer based technology Education Environment*, Centre for Technology Research, Griffith University.

Creswell, J. W., (2006) Chapter 1: Understanding Mixed Methods Research [em linha], disponível em: http://www.sagepub.com/upm-data/1098/-chapter-1.pdf [acedido em 17/05/12].

Cruz, P. e Laukkanen, T., (2010) "Mobile Banking Rollout in Emerging Markets: Evidence from Brazil" *International Journal of bank Marketing,* Vol 28(5), pp. 342-371.

Chen, L.D., (2008) "A Model of Consumer Acceptance of Mobile Payment" (Um modelo de aceitação do pagamento móvel pelo consumidor), *International Journal of Mobile Communications,* Vol 6(1), pp. 32-52.

Chenail, R.J (2012) "Conducting Qualitative Data Analysis: Qualitative Data Analysis as a Metaphoric process" (Análise de dados qualitativos como um processo metafórico) *The Qualitative Report,* Vol 17 (1), pp. 248-253.

Curtis, A., Gesler, W., Smith, G e Washburn, S., (2000) "Approaches to Sampling and Case Selection in Qualitative Research: Examples in the geography of Health" *Social Science and Medicine,* Vol 50, pp. 1001-1014.

Cooke, N. J., (2001) *Knowledge Elicitation,* New Mexico State University, Capítulo submetido ao Handbook of Applied Cognition.

Dahlberg, T., e Mallat, N., (2002) "Mobile Payment Service Development: Managerial implications of Consumer Value Perceptions", em Actas da *Xth European Conference on Information Systems (ECIS), Polónia.*

Davidson, N. e Penicaud, C., (2012) *GSMA Mobile Money for the unbanked: State of the Industry- results from 2011 Global Mobile Money Adoption Survey*, GSMA.

Davidson, N., (2012) *GSMA-Mobile Money for the unbanked: Mapping and effectively structuring Operator-Bank Relationships to offer Mobile Money for the Unbanked,* GSMA.

Davis, F., (1985) "A Technology Acceptance Model for Empirically Testing new-end -user Information Systems: Theory and Results", em Chutter, M., (2009) *Overview of the TAM: Origins,* Developments and Future Diretions, Indiana University, USA. Sprouts: Working papers on Information Systems, 9(37), disponível em: http://sprouts.aisnet.org/9-37.

Dixon, D., (2008) "Banking Services for the Isolated and Poor" *Appropriate Technology,* Vol 35 (1), pp. 21-22.

Dieste, O., e Juristo, N., (2011) "Systematic Review and Aggregation of Empirical Studies on Elicitation Techniques" *IEEE Transactions on Software Engineering,* Vol 37(2), pp. 283-304.

Dobbs, J.H. (1998) *Competitors' New battle Ground: The integrated value chain,*

Cambridge Technology Partners, [em linha], disponível em http://www.ctp.com/ [consultado em 28/10/12].

Dolan, J., (2009) *Accelerating the Development of Mobile Money Ecosystems,* Washington DC: IFC e Harvard Kennedy School.

EPSRC (2006) Mobile Phone Technology [em linha], disponível em http://www.epsrc.ac.uk [acedido em 16/08/12].

Fishbein, M., e Ajzen, I., (1975), *Belief, Attitude, Intention and Behaviour: An Introduction to Theory and Research,* Reading, MA: Addison Wesley.

Freeman, R.E., Wicks, A.C. e Parmar, B., (2004) "Stakeholders Theory and the Corporate Objective Revisited" *Organisation Science,* Vol 15(3), pp. 364-369.

Ford, D.V. e Sterman, J.D., (1998) "Expert Knowledge Elicitation for Improving Mental and Formal Models" *System Dynamic Review,* Vol 14(4), pp. 309-340.

Gaia, V., (2010) "Mobile Money Proves it's Worth" *New Scientist,* Vol 205 (2748), pp. 20-21.

Gerpott, T., and Kormmeier, K., (2009) "Determinants of Customer Acceptance of Mobile Payment Systems" *International Journal of Electronic Finance*, Vol 3(1), pp. 1-30.

Gondwe, M., (*2012J* "Mobile Payments and Mobile Banking in Zambia" *4th Annual Celpay Mobile Payments Conference,* Lusaka, 12 de setembro de 2012.

Hsieh, H e Shammon, S.E. (2005) "Three Approaches to Qualitative Content Analysis" *Qualitative Health Research*, Vol 5(9), pp. 1277-1288.

Hussey, J., e Hussey, R., (1997) *Business Research: A Practical Guide for Undergraduate and Postgraduate Students,* Londres, Macmillan.

Hughes, N., e Lonie, S., (2007) "M-Pesa: Mobile Money for the Unbanked, turning cell phones into 24 hours Tellers in Kenya", *Innovations*, edição de inverno e primavera, pp.63-81.

Janet, D. (2004) *A relação entre a pergunta de investigação e o projeto de investigação.* In: Cookes, Patrick, A and Davies, sue eds.Research into practice: Competências essenciais para ler e aplicar recursos em Enfermagem e Cuidados de Saúde. Endingburch: Bailliere Tindall, pp. 69-84.

Jehn, K. A., e Jonsen, K., *(2010)* "A Multi-method Approach to the Study of Sensitive Organisational issues" *Journal of Mixed Methods Research, Vol 4(4), pp.*

313-341.

Jenkins, B., (2008) *Developing Mobile Money Ecosystems,* Washington, DC: IFC e Harvard Kennedy School.

Kaira, T., (2011) "State of Competition in Zambia's Telecommunications Setor" *The African Journal of Information and Communications,* Issue 2.

Kankasa-Mabula, T., (2009) "Modernising Zambia's Payment System" *Discurso do Vice-Governador do Banco da Zâmbia no lançamento de produtos financeiros pelo EcoBank,* 16 de setembro, Lusaka.

Karnouskos, S., e Fokus, F., (2004), "Mobile Payments: A journey through existing procedures and standardization initiatives" *IEEE Communications Surveys and Tutorials,* Vol 6(4), pp. 44-66.

Kalba, K., (2008) "The Adoption of Mobile Phones in Emerging Markets: Global Diffusion and the Rural Challenge", *International Journal of Communications,* Vol 2, pp. 631-661.

Kazmi, S.K.H. (2011) *Pakistan and Gulf Economist,* 29 de maio, Academic OneFile [27/10/12].

Kreyer, N., Poucsttchi, K., e Turoski, K. (2003), "Mobile Payment Procedures: Scope and Characteristics", *E-Service Journal,* Vol 2(3), pp. 722.

Khalifa, M., e Shen, N. K., (2008) "Explaining the adoption of transactional B2C mobile commerce" *Journal of Enterprise Information Management,* Vol 21 (2), pp. 110-124.

Khalil, M. A., (2009) "The Occasion for this Report", em Dolan, J., (2009) *Accelerating the Development of Mobile Money Ecosystems,* Washington DC: IFC e Harvard Kennedy School.

Klein, G.A., (1996) *The Development of Knowledge Elicitation Methods for Capturing Military expertise,* United States Army Research, Institute for Behavioural and Social Sciences.

Kwong, E., e Lee, W.B., (2009) "Knowledge Elicitation in Reliability Management in the Airline Industry" Journal of Knowledge Management, Vol 13 (2), pp. 35-48.

Koenig-Lewis, N., Palmer, A., e Moll, A., (2010) "Predicting young consumers take up of Mobile Banking services" *International Journal of Bank Marketing,* Vol 28(5), pp.410-432.

Kruger, M., (2001) *The future of M-Payments: Business Options and Policy Issues,* Sevilha, Electronic Payment System Observatory (ePSO), disponível, http://www.epso.jrc.est:29.

Laukkanen, T e Kiviniemi, V., (2010) "The Role of Information in Mobile Banking Resistance" *International Journal of Bank Marketing,* Vol 28(5), pp. 372-288.

Lee, N., e Lings, I., (2008) *Doing Business Research: A guide to Theory and Practices*, Londres, Sage.

Lim, A. S., (2007) Inter-consortia battles in Mobile Payments Standardisation, *Electronic Commerce Research and Applications* [em linha], disponível em: http://doi:10.1016/j.elerap.2007.05.003 [acedido em 02/02/12].

Mbewe, K., (2012), 'History of Mobile Payments in Zambia', Enquiry on MPS in Zambia [online], 14 de fevereiro, disponível em: kmbewe@zicta.zm [acedido em 15/02/12].

Mwape, A., (2011) "Mobile Money and Banking" *Discurso do Vice-Governador de Operações do Banco da Zâmbia no lançamento oficial do "Airtel Money",* Lusaca, Zâmbia.

Mckitterick, D., e Dowling, J., (2003) State of the Art Review of Mobile Payment Technology [em linha], disponível: http://www.tara.tcd.ie/bitstream/2262/12580/1/TCD-CS-2003-24.pdf [accessed 10/02/12].

Marshall, M.N., (1996) "Sampling for Qualitative Research" *Family Practice,* Vol 13, pp.522-525.

McManus, P., e Standing, C., (2005) *Searching for Value in Researching the Adoption and Use of M-Services: Pilot Research Findings,* Managing Morden Organisations through Information Technology, Idea Group Inc., USA, pp. 2

Moore, J.F. (2006) "Business Ecosystems and the View from the Firm" *The Antitrust Bulletin* 52, pp. 31.

Moore, J.F., (1996) *The Death of Competition: Leadership and Strategy in the age of a Business Ecosystem,* Nova Iorque.

Neuendorf, K.A (2002) *Content Analysis Guidebook,* SAS Institute Inc, Chicago.

Ndiwalana, A., Morawczynski, O., e Popov, O., (2010), "Mobile Money Use in Uganda: A Preliminary Study" In proceedings of the 2nd *International Conference on M4D Mobile Communication Technology for Development (M4D 2010),* 10-11 de novembro de 2010, Uganda.

Ng'andu, K.E., (2011), "Accelerating Growth and Adoption in Mobile Payments", *discurso proferido na 3rd Celpay Mobile Banking Conference,* Lusaka.

Neville, W., (2006) *"Micro-Payment Systems and Their Application to Mobile Networks"* Washington, DC:
infoDev *I* Banco Mundial. Disponível em:
http://www.infodev.org/en/Publication.43.html

Nordlund, S., (2011) *"Mobile Payments 2012-My Mobile, My wallet?"* Mobile Money Forum, Innopay.

Pakistan and Gulf Economist (2011) *Mobile banking,* 23 de janeiro, Academic OneFile web [27/10/12].

Peltonieni, M e Vuori, E. (2004) "Business Ecosystems as the new approach to complex adaptive Business Environments" *Proceedings of eBusiness Research Forum,* pp. 267-281.

Porter, M.E., (1998) *Competitive Advantage: Creating and Sustaining Superior Performance,* Free Press.

Siegel, M., Schneidereit, F., e Houseman, D., (2011) *Monetizing Mobile: How Banks are Preserving their place in the Payment value Chain*, KPMG International Corporative.

Oh, S., Lee, H., Kurnia, S., Johnston, R. B., e Lim, B., (2006) "Stakeholder perspective on successful Electronic Payment Systems diffusion" Proceedings of the *39th Hawaii International Conference on Systems Sciences.*

Onwuegbuize, A.J e Leech, N.L., (2006) "Linking Research Questions to Mixed Methods Data Analysis Procedures" *The Qualitative Report,* Vol 11(3), pp. 474-498.

Regas, T., (2002) Mobile Tech- Defining Mobile Technology for Legal Professionals [em linha], disponível em: http://ww.llrx.com/authors/306 [acedido em 26/10/12].

Risikko, J e Choudhary, B. (2006) "Mobile Financial Services: Business Ecosystem Scenarios and consequences" *Mobey Forum,* Mobile Financial Services Ltd.

Rudolph, B., (2012) "Expanding the power of Mobile Money" *GSMA NIC and Mobile Money Summit,* Milão, 22-25 de outubro.

Shen, D., (2010), "Modelling the Interaction of Users and Mobile Payment System: Conceptual Framework", *International Journal of Human-Computer Interaction*, Vol

26 (10), pp. 914- 940.

Shrivastava, P., (2012) "Mobile Money and the future of Banking in Africa" *Monitize Group Plc.*

Smith, S.M e Albaum, G.S (2012) *Pesquisa Básica de Marketing: Handbook for Research Professionals,* Vol 1, Qualtrics Labs Inc, USA.

Tashakkori, A., e Teddie, C., (2010) "Putting the Human Back in 'Human Research Methodology': The Researcher in Mixed Methods Research" *Journal of Mixed methods Research,* Vol 4(4), pp. 271-277.

Taylor-Powell, E., e Renner, M., (2003) *Analysing Qualitative Data,* University of Wisconsin - Extension Cooperative Extension Madison, Wisconsin.

The Economist (2012) Mobile Payments a threat to Banks (online); disponível, http://www.economist.com [acessos 15/09/12].

Tsvetkova, A., e Gustafsson, M., (2012) "Business Models for Industrial Ecosystems: A Modular Approach", *Journal of cleaner Production,* Vol 29(30), pp.246-254.

UNCTAD (2012) *Mobile Money for Business Development in the East African Community; A comparative Study of Existing Platforms and Regulations,* United Nations Publications, Switzerland.

USAID (2012) *10 Ways to Accelerate Mobile Money: USAID-Citi Mobile Money Accelerator Alliance,* Citi Publications, Nova Iorque, EUA.

Verster, R., Botha, T., Davis, B., Kalan, M., e Burin, C., (2011) Mobile Payments: A Deloitte Analysis, Managing change in the 'Mobi-Payscape' [em linha], disponível em: http://www.deloitte.com/view/enZA/za/insdustries/fiancial [acedido em 15/02/12].
VRL Financial News (2012) What is Mobile Banking? (online); disponível em http://ww.vrl.timetric.com [acedido em 10/09/12].

Wilnot, A., (2005) "Designing Sampling Strategies for Qualitative Social Research; with particular reference to the office of the National Statistics, Qualitative Respondent Register" ONS Survey, *Methodology Bulletin,* No 56.

Zahra, S.A., e Nambisan, S., (2012) "Entrepreneurship and Strategic thinking in Business Ecosystems" *Business Horizons,* Vol 55, pp. 219-229.
Zmijewska, A., e Lawrence, E., Steel, R., (2004) "Towards understanding of factors influencing user acceptance of Mobile Payment System" *Conferência Internacional IADIS,* WWW/Internet, Madrid.

Printed by Books on Demand GmbH, Norderstedt / Germany